CLEMENS BROCK
Der Dad-Code

Buch

»Besser arm dran als Arm ab!« Wer kennt sie nicht, die unendlichen Weisheiten unserer Väter? Clemens Brock treibt sie in seinen Social-Media-Videos immer wieder auf die Spitze und erfreut seine Follower mit seiner Darstellung des deutschen Durchschnittsvaters. Jetzt bringt er seine größten Dad-Weisheiten zu Papier und zeigt auf witzige und ironische Weise die typischen Alltagssituationen des 08/15-Vaters. In Listen, Anekdoten und Snippets finden wir alle Facetten unserer Väter wieder – und sie selbst sich auch!

Autor

Clemens Brock ist der Social-Media-Papa der Nation. In seinen Clips begeistert er seine Follower immer wieder mit typischen Dad-Moves, stilecht nur mit Gürtelhandytasche, kariertem Hemd und kurzen Hosen. Bierbäuchlein inklusive.

CLEMENS BROCK
MIT DANIEL WIECHMANN

DER
DAD-CODE

Alles, was ein Mann wissen muss
(und viele weitere unnütze Dinge)

Mit Illustrationen von Sabine Timmann

mosaik

Penguin Random House Verlagsgruppe FSC® N001967

1. Auflage
Originalausgabe Oktober 2023
Copyright © 2023: Mosaik Verlag, München,
in der Penguin Random House Verlagsgruppe GmbH,
Neumarkter Str. 28, 81673 München
Illustrationen: Sabine Timmann
Umschlag: Sabine Kwauka
Umschlagmotiv: shutterstock/Kat Ka und 46design
Autorenfotos: Clemens Brock
Texte: Daniel Wiechmann
Satz: Satzwerk Huber, Germering
Druck und Bindung: GGP Media GmbH, Pößneck
Printed in Germany
GS · CB
ISBN 978-3-442-39416-6

www.mosaik-verlag.de

Für meinen Papa.

Inhalt

Der Dad-Code – Weisheit und Wissen Dutzender Vätergenerationen

Herzlichen Glückwunsch, dass du Vater bist oder wirst. Bitte geh erst einmal zum Kühlschrank und hol dir ein Bier. Das hast du dir verdient. Und du kannst die Mischung aus Energiekick, Erholung und Seelenfrieden, die mit dem Genuss eines Bieres immer einhergeht, gut gebrauchen. Die Verantwortung, die als Vater auf deinen Schultern lastet, ist enorm. Ich weiß, wovon ich spreche. Auf keinen Fall solltest du versuchen, diese Verantwortung allein zu tragen. Du brauchst Verbündete an deiner Seite. Du brauchst Regeln, auf die du dich im Notfall – und die Vaterschaft ist im Grunde genommen ein 18 Jahre währender Notfall – verlassen kannst. Die wichtigsten Regeln findest du in diesem Buch. Egal wie hart es auch wird und wie ausweglos dir die Situation erscheint: Der »Dad-Code« wird dich niemals im Stich lassen.

Der Dad-Code ist ein mächtiges Werkzeug in deinen Händen. Er kennt die Antworten auf die wirklich wichtigen Fragen des Lebens: Wo muss ich die Fernbedienung suchen, wenn sie nicht dort liegt, wo sie eigentlich immer liegt? Bei welchen Krankheiten und Unglücken ist Bier die beste Medizin, um schnellstmöglich wieder auf den Beinen zu sein, um seinen Vaterpflichten nachkommen zu können? Wie findet selbst ein Blockflötengesicht wie Thorben ein Mädchen, das in Liebe zu ihm entbrennt? Welche Ausrüstung muss mit, wenn ein Vater sich auf einer Wanderung mit seinen Kindern durch die Wildnis der Eifel kämpft? Wie überlebt man die Elternabende an der Schule? Was kannst du tun, wenn du deinen Zollstock zu Hause hast liegen lassen und dringend den Felgendurchmesser an Jürgens neuem Auto ausmessen musst, um herauszufinden, ob die Teile wirklich größer sind als deine?

Vergiss nie: Der Dad-Code ist nicht irgendein Regelwerk. In ihm stecken die Weisheit und das Wissen dutzender Vätergenerationen, die alle ihr Bestes gegeben haben. Manchmal war das Beste vielleicht nur der Schlüssel zu einem klapprigen Golf, in dem der Sohn mit seiner Angebeteten allein zum ersten Date fahren konnte. Oder das Geld für Kondome. Oder ein leichtes Nicken zwischen zwei Schluck Bier, das so viel bedeutet wie »Ich liebe dich«. Oder der weise Rat, die Pobacken ordentlich zusammenzukneifen und die Zähne zusammenzubeißen. Doch egal was es auch war, egal was Väter ihren Kindern mit auf ihren Lebensweg gegeben haben: Es kam immer von Herzen.

Und nun bist du an der Reihe, es ihnen gleichzutun.

Glaube mir, Vater sein verlangt dir alles ab. Vor allem, wenn du wie ich einen Sohn wie Thorben auf das Leben vorbereiten musst. Ich meine, was soll bloß mal aus dem Jungen werden, wenn ich eines Tages nicht mehr bin? Wenn er niemanden mehr hat, der ihm sagt, dass er den Hammer nicht vorn unterm Kopf greifen soll, sondern dass er den Stiel hinten packen muss. Der Junge kriegt doch nicht einen Nagel in die Wand ohne seinen Vater.

Um dir und deinen Kindern das Leben zu erleichtern, solltest du das richtige Werkzeug immer griffbereit haben. Hier fünf Dinge, die dir deinen Alltag als Vater ungemein erleichtern werden und auf die du jederzeit zugreifen können solltest:

1. Ausreichend Bier im Kühlschrank: Ich kann gar nicht oft genug betonen, wie wichtig es ist, als Vater ausreichend Bier im Kühlschrank zu haben. Wusstest du zum Beispiel, dass du nach dem Genuss eines Bieres viel bessere Entscheidun-

gen triffst? Unglaublich, aber wahr. Und nach dem Genuss von fünf Bieren vergisst du sogar, wie unklug die Entscheidungen waren, die du vor einer Woche getroffen hast. Zauberei! Bier ist wirklich immer ein Gewinner.

2. Ein bester Freund (so wie mein Kumpel Jürgen): Jeder Mann und insbesondere jeder Vater braucht einen besten Freund, mit dem er sich eine Stunde lang an den Grill stellen und über seine Probleme reden kann:»Bei dem Nackenstück links ist ein bisschen viel Sehne dran. Dem geb ich noch 'ne Minute.« Denn wenn Konflikte unausgesprochen und ungelöst bleiben, stauen sich bei dir zu viele negative Emotionen an. Bei deinem besten Freund kannst du einfach alle Gefühle rauslassen, ohne dich dafür zu schämen:»Und dann hat sie wirklich zu mir gesagt, sie möchte das Entrecôte durchgebraten. Verstehst du das, Jürgen? Sie hat gesagt: D-U-R-C-H-G-E-B-R-A-T-E-N. Ich konnt das nicht. Ich hab das nicht übers Herz gebracht. Du kannst doch so ein Tier nicht einfach umsonst sterben lassen.«

3. Ein Auto: Dein Auto ist ein wichtiger Rückzugsort. Es sei denn, du fährst damit deine Kinder in den Kindergarten oder in die Schule. Ist dies nicht der Fall, kannst du dir dank deines Autos immer eine kleine Pause vom Vatersein gönnen:»Schatz, ich muss mal kurz die Elektronik am Wagen checken. Ich glaub, die Blinker sind nicht mehr ganz im Takt.« Kühlwasser nachfüllen. Bremsdruck prüfen. Die Liste an Wehwehchen, die so ein Auto haben kann, ist zum Glück lang.

4. Eine Stammkneipe: Manchmal reicht dein Auto nicht als Rückzugsort. Und auch Jürgen hat ja nicht immer Zeit. In diesen Fällen ist eine Stammkneipe die richtige Anlaufstelle. Sie verbindet die zwei wichtigsten Elemente im Leben eines

Vaters: Du wirst verstanden, ohne reden zu müssen. Es gibt Bier.

5. Einen Zollstock: Es gibt zwei Dinge, ohne die ein Vater das Haus nie verlassen sollte. Eine Privathaftpflicht und seinen Zollstock. Mit einem Zollstock kannst du Dinge messen, ein Bier aufmachen und noch 48 andere Dinge anstellen. Im Grunde genommen ist der Zollstock das wahre Schweizer Taschenmesser unter den Männerwerkzeugen.

Väter und Pflichten
Artikel 1: Vater sein ist ein Marathon.

Ich weiß, dass sich viele das Vatersein als ein aufregendes, abwechslungsreiches Abenteuer vorstellen. Aber ganz so ist es nicht. Vater sein ist ein Marathon. Mit anderen Worten: Es ist ziemlich anstrengend und ziemlich monoton, bevor du schließlich entkräftet und ausgezehrt und mit denselben Entzündungswerten wie ein Herzinfarktpatient zusammenbrichst. Hoffentlich im Ziel.

Was den Marathon so unglaublich anstrengend macht, ist nicht das Laufen auf dem Asphalt des Lebens, das Japsen nach Luft oder der Anblick von Antilopen-Menschen, die mit Leichtigkeit an einem vorbeizuhüpfen scheinen. Es ist die Langeweile. Beim Marathon kann man den Typen, der einen gerade locker-flockig überholt, nicht mal eben mit einer Blutgrätsche von den Beinen holen, um ein Zeichen zu setzen. Du kannst dich auch nicht eine Minute lang auf dem Boden wälzen, weil dich ein Gegner mit einer Blutgrätsche umgewichst hat. Es gibt nicht einmal einen Schiedsrichter, auf den du schimpfen kannst. Beim Marathon machst du nichts anderes als laufen. Und wenn du denkst, dass es nun doch aber wirklich mal genug mit der Lauferei sein muss, sind es immer noch 41 Kilometer bis ins Ziel. Genau so fühlt sich das Vatersein an.

Stichwort Monotonie: Die ersten Jahre verbringst du im Grunde ausschließlich damit, deine Kinder an- und auszuziehen und ausreichend Essen in sie zu befördern. Das ist es. Jeden Tag.

Und du erklärst ihnen, dass man Käfer nicht essen soll. Einmal. Zweimal. Dreimal. Viermal. Auch ein fünftes Mal. Und ein sechstes. Siebenmal. Achtmal. Und ein neuntes Mal. Beim zehnten Mal ist es dir egal. Sind schließlich wertvolle Proteine in so einem Käfer drin, und in Zukunft sollen wir ja eh alle mehr Insekten essen.

Dinge, die jeder Vater in den ersten Lebensjahren seiner Kinder können und ertragen muss

1. Es ist ziemlich unfair, dass dein Kind beim Stillen so viel mehr Zeit mit den nach der Geburt wirklich unglaublich schön geformten und prallen Brüsten deiner Frau verbringen darf. Aber das ist so. Denk immer daran: Mit Neid zielst du zwar auf andere. Aber am Ende verwundet der Neid immer nur dich selbst.
2. Die Schnürsenkel bei deinen Kindern binden. (Klingt einfacher, als es ist. Wenn die Senkel plötzlich seitenverkehrt geführt werden müssen, hat man eher einen Knoten in den Fingern als in den Schnürsenkeln. Ich wette, du wirst eines Tages noch auf den Erfinder des Klettverschlusses anstoßen. Solltest du jedoch einen Sohn haben, der vom Fußballfieber gepackt ist, sei gewarnt: Fußballschuhe haben keinen Klettverschluss.)
3. Beim Schuhkauf durch das Drücken an der Spitze des Schuhs herausfinden, ob vorn »genügend Luft« ist und die Treter passen. (Das Problem: Kinderzehen sind extrem elastisch und scheinbar schmerzunempfindlich. Es kann vorkommen, dass du deinen Daumen bis auf die Schuhsohle

durchdrückst, dich freust, die richtigen Schuhe gefunden zu haben, und einen Tag später sind sie zu klein.)

4. Dein Kind drei oder vier Stunden lang auf der Schulter tragen, weil es zu faul zum Laufen ist. Trotz der neuen Schuhe.

5. Eine Eiskugel, die deinem Kind in den Sand gefallen ist, reinigen und wieder essbar machen.

6. Mama überzeugend anschwindeln, dass es wirklich nur eine Kugel Eis gegeben hat und nicht etwa den Spaghettieis-Becher mit Extraschokoladensoße.

Tipp vom Vadda: Begehe niemals vor den Augen deiner Kinder ein Verbrechen. Es sind die schlechtesten Geheimnisträger überhaupt. Sie knicken so schnell ein. Egal welchen Deal du zuvor gemacht hast, sobald Mama oder die Polizei einen Schokoladenriegel rausrücken, fangen sie an zu singen.

7. Deinem Kind glaubhaft versichern, dass Hamster Rudi nur sehr viel gegessen habe und daher sehr lange schlafen müsse. »So wie Papa nach dem Grillen mit Onkel Jürgen.« Anschließend in der Tierhandlung einen Hamster finden, der genauso wie Hamster Rudi aussieht und die Tiere heimlich austauschen.

8. Mit nackten Füßen über Lego-Steine gehen, ohne dass dir ein Schmerzensschrei entfährt. Du wirst diese Fähigkeit benötigen, wenn du dich nach erfolgreicher Einschlafhilfe aus dem Zimmer deines Kindes schleichen möchtest, ohne es wieder zu wecken.

9. Nur innerlich jubeln, wenn dein Kind bei der Sandkastenrangelei die anderen Kinder aber so was von wegflext, während du zusammen mit den anderen Eltern den kleinen

Streithähnen erklärst, dass man Konflikte nicht mit Gewalt lösen soll.

10. Ein glückliches Gesicht beim Verzehr von Karotten, Spinat und Brokkoli machen. »Mmh, heute ist der Brokkoli aber noch besser als sonst. So richtig schön auf den Punkt ... Und hat sogar noch einen leichten Biss. Toll.«

11. Bei der Einschlafhilfe nicht immer vor dem Kind einschlafen.

12. Vater sein heißt, auch dort zu atmen, wo Kinder gepupst haben. Es dauert eine Weile, bis Kinder die Kontrolle über ihren Schließmuskel erlernt haben.

Viel Glück!

Väter und Bier
Artikel 2: Ein Leben ohne Bier ist für Väter möglich, aber sinnlos.

Um deinen persönlichen Vater-Marathon erfolgreich zu absolvieren, solltest du besonders darauf achten, nicht zu dehydrieren. Trinke stets ausreichend. Zum Beispiel Bier. Gerade als geforderter Vater ist es wichtig, hin und wieder auch Dinge zu unternehmen, die deiner Seele guttun. Selfcare eben. Noch immer ist Bier der einfachste Weg, sich selbst zu verwöhnen. Ob auf dem Sofa am Abend beim Fernsehen, Bier hilft am Grill gegen die Hitze, es schmeckt nach Feierabend mit den Kumpels oder nach dem Sport besonders gut, beim Frühschoppen sorgt es für einen perfekten Start in den Tag ... Bier geht immer. Und Bier quatscht nicht blöd rum. Einen besseren Freund findest du im Leben nicht. Außer natürlich Jürgen.

Bierfakten, die jeder Vater kennen muss

Bier enthält sieben der insgesamt 15 lebenswichtigen Vitamine.

Ein Glas Bier hat weniger Kalorien als ein Glas Milch (105 zu 120 Kalorien, jeweils 250 Milliliter).

Regelmäßiges Biertrinken senkt das Risiko, Nierensteine zu bekommen, um 40 Prozent.

Die Angst vor einem leeren Bierglas heißt Cenosillicaphobia.

Hopfen ist ein Hanfgewächs.

Der Weltrekord im Maßkrugtragen – traditionell über eine Strecke von 40 Metern – liegt bei 29 Maß Bier.

Bier sollte bei 4 bis 7 Grad Temperatur gelagert werden. Die optimale Trinktemperatur für Pils oder Helles liegt bei 6 bis 8 Grad. Weizenbiere, Starkbiere und Ale sollten etwas wärmer – bei ca. 11 bis 13 Grad – getrunken werden, da sich erst dann die Aromen im Bier voll entfalten können.

Bier erhöht die Vielfalt der Darmbakterien.

Bier kann nicht schlecht werden. Es verliert an Geschmack oder Farbe, wird aber auch nach Ablauf des Mindesthaltbarkeitsdatums nicht gesundheitsgefährdend.

Der längste dokumentierte Bierrülpser dauerte exakt eine Minute und 13 Sekunden.

Kleopatra badete nicht nur in Milch, sondern auch in Bier.

Bier verleiht Haaren mehr Volumen und Glanz und stärkt die Haarwurzeln. Leider nur, wenn man es äußerlich als Spülung anwendet. Trinken allein reicht nicht.

Der Pro-Kopf-Verbrauch an Bier pro Jahr liegt in Deutschland bei 92 Litern.

Die Erbauer der Pyramiden tranken bis zu 4 Liter Bier am Tag, da das Nilwasser zu dreckig war.

Macht man Ameisen mit Bier betrunken, werden sie von ihren nicht betrunkenen Ameisenkollegen in den Bau zurückgetragen.

Bier mit mehr als 2,25 Prozent Alkoholgehalt war bis 1989 in Island illegal.

Harry-Potter-Fans haben ein Rezept für Butterbier entwickelt. Dabei wird ein Märzen mit Eigelben, braunem Zucker, Zimt, Muskatnuss, Butter und Vanilleextrakt vermischt.

Hopfen bildet männliche und weibliche Blüten aus. Für das Bierbrauen sind nur die typisch doldenförmigen weiblichen Blüten erwünscht. Männliche Hopfenblüten verhindern die Schaumbildung im Bier.

Es gibt weltweit ca. 200 Hopfensorten. Davon werden 70 gehandelt. Zwei Drittel der weltweiten Hopfenernte stammen aus den USA und aus Deutschland.

Je höher der Anteil an sogenannten Alphasäuren im Hopfen ist, desto bitterer ist er.

Wie du als Vater jedes Bier an seiner Farbe erkennst

Gold: klassisches Pils
Hell: helles Lagerbier, norddeutsches Pils
Kupferfarben: dunkles Lagerbier, klassisches Weizenbier, Altbier
Bernsteinfarben: Pale Ale, Märzen
Braun: dunkles Weizenbier, dunkles Bockbier
Schwarz: Schwarzbier, Porter, Stout

Die Farbe von Bier wird in der Einheit EBC gemessen und angegeben. Pilsener liegt bei 4 EBC. Ein Porter dagegen bei 47 EBC. EBC steht für European Brewery Convention, einer Netzwerkvereinigung von Brauereien und Forschungseinrichtungen, die sich mit dem Thema Bier beschäftigen.

Bier und seine Bitternoten

Bitternoten sind wesentlich für das Geschmacksbild eines Biers. Und obwohl sie subjektiv wahrgenommen werden, lässt sich die Bitterkeit eines Bieres tatsächlich messen. Dies geschieht mit dem sogenannten IBU-Score, den International Bitterness Units. Je größer der IBU-Wert, desto bitterer ist das Bier. Wichtig: Über die Qualität des Bieres sagt der IBU, den man immer häufiger auf Bieretiketten findet, erst einmal nichts aus. Von wegen hoher IBU gleich geiles Bier. Es gibt sowohl leckere Biere mit niedrigem als auch mit hohem IBU. Hier eine kleine Tabelle, die zeigt, welchen IBU du bei welchem Bierstil ungefähr erwarten kannst.

Bierstil	IBU (International Bitterness Units)	Bitternote im Bier	Vergleichbarer Bitterkeitslevel im Vadda-Alltag
dunkles Weißbier	10–18 IBU	sehr feine, gut eingebundene Bitternoten	am Samstag bei der Sportschau auf dem Sofa eingeschlafen
Weizenbier	10–20 IBU, häufig 10–15 IBU		
helles Ale	15–30 IBU	zum Trinken animierende, aber keineswegs dominante Bitternoten	Grillabend mit Jürgen, aber Sabine versucht, Zucchini auf den Grill zu schmuggeln
Märzen	18–25 IBU		
Oktoberfestbier	18–25 IBU		
Doppelbock	20–25 IBU		
Exportbier	20–29 IBU, meist 23–29 IBU	leicht präsente Bitternoten	Vadda hat Rasenfilz im Garten entdeckt und muss mal wieder eine Runde auf seinem Aufsitzrasenmäher drehen.
Rauchbier	20–30 IBU		
Schwarzbier	20–30 IBU		
Kölsch	18–34 IBU, meist 20–30 IBU	sehr präsente und erfrischende Bitternoten	Auto kaputt, aber Vadda weiß, wie er es reparieren kann
Kellerbier	20–35 IBU		
Porter-Bier	20–40 IBU		

Bierstil	IBU (International Bitterness Units)	Bitternote im Bier	Vergleichbarer Bitterkeitslevel im Vadda-Alltag
Bockbier	25–35 IBU	das Geschmacksbild stark prägende Bitternoten	Auto kaputt, aber Vadda weiß nicht, wie er es reparieren kann.
Eisbock	25–35 IBU		
Pils	25–45 IBU, meist 35–45 IBU		
Altbier	25–50 IBU, meist 35–50 IBU		
Stout	30–65 IBU	herausfordernde Bitternoten	wie es manchmal in Thorbens Zimmer riecht
Barley Wine	35–95 IBU		
English IPA	40–60 IBU	Bitternoten, mit denen erfahrene Biertrinker richtig Spaß haben und weniger erfahrene von »saurer Plörre« reden	Bier ist alle.
American IPA	40–70 IBU		
US IPA	40–70 IBU		
India Pale Ale	40–70 IBU, teils bis 100 IBU		
Imperial IPA	60–110 IBU	stark dominierende Bitternoten	die Ergebnisse von Thorbens Matheklausuren

Fachsimpeln über Bierstile

Bier ist nicht gleich Bier. Und wenn es etwas gibt, das fast so viel Spaß macht wie das Biertrinken, dann ist das Fachsimpeln über Bier. Stimmt die Hopfenbittere? Hat das Malz tatsächlich Honignoten produziert? Anbei ein kleiner Bierstil-Guide, damit du in jeder Vadda-Runde mitreden kannst.

Kölsch

Es gibt Menschen, die sagen, dass Kölsch das einzige Getränk auf der Welt sei, das seinen Geschmack auf dem Weg durch den Körper nicht verändert. Nun, über Geschmack lässt sich bekanntlich streiten. Mein Tipp: Bitte das Kölsch immer so kalt wie möglich trinken. Mit etwas Glück hast du so die Chance, dass du gar nicht bemerkst, dass du gerade kein echtes Bier, sondern eben ein Kölsch trinkst. Allerdings ist Kölsch eine prima Lernhilfe für den gleichnamigen Dialekt. Mit kölschschwerer Zunge rutschen einem Sätze wie »Leever ene Buch vum Suffe wie ene Buckel vum Arbeide«[1] halt einfach viel einfacher aus dem Mund. Wenn man das möchte.

> ### Vaddas Power-Fakten für Kölsch-Kenner
> ....
> Kölsch wird in der Regel in schlanken, zylindrischen 0,2-Liter-Gläsern serviert, die als »Stangen« bezeichnet werden.

---

[1] Lieber einen Bauch vom Trinken als einen Buckel vom Arbeiten.

Kölsch-Gläser sind deshalb so klein, weil obergärige Biere die Kohlensäure schneller verlieren. In großen Gläsern würde Kölsch schnell lack schmecken.

Die Kellner in einem Kölner Bierlokal heißen Köbes.

Die »Tabletts«, in denen das Kölsch serviert wird, heißen Kranz. Ein klassischer Kranz fasst elf Kölschstangen. Es gibt auch kleinere Kränze mit Platz für neun Stangen.

Kölsch darf nur von Brauereien gebraut werden, die Mitglied im Kölner Brauerei-Verband sind.

Pils

Bitter macht lustig. Oder so ähnlich. Das Pilsener Bier entstand im 19. Jahrhundert in der Stadt Pilsen (Plzeň) in der heutigen Tschechischen Republik. Zu jener Zeit kämpften die Bewohner von Pilsen mit großen Qualitätsproblemen ihres Bieres. Das Bier war trüb, sauer und hatte einen unangenehmen Geschmack. Im Grunde schmeckte es also wie Kölsch. Um wieder Spaß beim Trinken zu haben, holten die Tschechen den deutschen Braumeister Josef Groll in die Stadt. Dieser zauberte aus untergäriger Hefe, mittels kühler Gärungstechniken, des weichen Wassers der Region, heller Malzen und aromatischen Saazer Hopfens jenes Bier, das zur Mutter aller Biere Pilsener Brauart wurde. Es überzeugte mit einer leicht bitteren, Hopfen betonten Note und trat schnell seinen Siegeszug um die Welt an. Seither gilt: Zwischen Leber und Milz passt immer ein Pils.

Vaddas Power-Fakten für Pils-Kenner

Der erste Pilsener-Sud wurde am 5. Oktober 1842 angesetzt. Am 11. November 1842 war das Bier fertig.

Ist das Pilsdeckchen an der Biertulpe mit der Schrift nach unten gedreht, ist ein Radler im Glas.

Durch die untergärige Brauweise gilt das Pilsener als verwandt mit dem Lagerbier.

Der Genuss des Pilsener Bieres geht einher mit akuter Wortwitzgefahr. Beispiel gefällig? Hätte ich einen Biergarten, würde ich hingehen und ein Pils suchen.

Jede Pilstrinker-Runde freut sich, wenn das gemütliche Beisammensein mit der folgenden Frage eingeläutet wird: Warum steht ein Pils im Wald? – Weil die Tannen so gerne zapfen.

Pils ist die beliebteste Biersorte in Deutschland. Der Marktanteil liegt zwischen 40 und 50 Prozent.

Altbier

Vorsicht! Viele Menschen bekommen beim ersten Mal Altbier-Trinken einen Schreck. »Mist, ich schmecke nichts. Ich rieche nichts. Ich habe bestimmte Corona!« Nee, nee, nee, keine Angst. Das gehört so. Altbier heißt so, weil es nach alter Brauart hergestellt wurde und wird. Es war sozusagen das Gegenstück zu den im 19. Jahrhundert aufkommenden neuen hellen Lagerbieren. Als obergäriges Bier konnte das Altbier auch bei höheren Temperaturen gebraut werden, was in Zeiten, in denen es noch keine Kältemaschinen gab, recht praktisch war. Doch bevor wir hier zu tief in die Biergeschichte eintauchen: Machen wir uns nichts vor. Altbier existiert nur noch aus einem einzigen Grund. Damit Kölsch trinkende Kölner und Altbier trinkende Düsseldorfer streiten können, welche der beiden Biersorten die schlechtere ist.

Vaddas Power-Fakten für Alt-Kenner

Alkoholfreies Bier ist in Deutschland beliebter als Altbier. Denkt mal darüber nach.

Obergärige Hefen, wie sie beim Altbier verwendet werden, können selbst noch bei Temperaturen von 20 bis 24 Grad eingesetzt werden. Untergärige Hefen benötigen Temperaturen von 4 bis 7 Grad.

2016 machte der Professor Helmut Quack von der Hochschule Düsseldorf ein Experiment, bei dem Probanden Alt und Kölsch blind verkosten und voneinander unterscheiden mussten. Das Ergebnis: Alt und Kölsch schmecken gleich.

Helles

Helles unterscheidet sich im Geschmack deutlich vom Pils. Die Hopfenbittere ist wesentlich reduzierter. Das Bier wirkt insgesamt geschmeidiger und getreidiger und trinkt sich leicht. Wenn man ehrlich ist, dann ist das Helle also nichts weiter als ein richtig gutes Anfängerbier. Spricht man diese unbequeme Wahrheit in Bayern aus, wo das Helle zu Hause ist, kann es sein, dass der Watschenbaum auf einen fällt oder dass man mit einem Gratisschnellkurs »Bayerische Schimpfwörter für jede Gelegenheit« belohnt wird. Helles ist wie das Pils ein untergäriges Bier und war Ende des 19. Jahrhunderts die Münchner Antwort auf das nicht nur in Norddeutschland immer beliebter werdende Pils. Die Münchner tranken zuvor vorwiegend dunkles Bier. Sie begannen damals allerdings auch immer stärker auf das importierte helle Pils umzuschwenken. Das wollten die bayerischen Brauereien natürlich nicht auf sich sitzen lassen und begannen selbst, helle Biere zu brauen. 1894 war es so weit. Das Münchner Helle erblickte das Licht der Welt. Warum das Helle in Bayern aus Literkrügen – der Maß – getrunken wird, ist unklar. Verbürgt ist lediglich, dass um 1811 die an die hundert verschiedenen Füllmaße für Bierkrüge in Bayern vereinheitlicht wurden.

Vaddas Power-Fakten für Helles-Kenner

. . . .

Wer in Bayern eine Maß bestellt, meint damit immer ein Helles.

Ein 80 Kilogramm schwerer Mann, der innerhalb einer Stunde eine Maß trinkt, hat danach ungefähr 0,81 Promille.

Eine Maß wiegt inklusive Krug und Bier 2,3 Kilogramm. Der Rekord beim Maßkrugstemmen – die Maß ausgestreckt vor sich halten – liegt bei 45 Minuten.

Der offizielle Weltrekord im Maßkrugtragen liegt bei 29 Krügen. Männer müssen dafür die Krüge über eine Strecke von 40 Metern tragen und heil abstellen.

Dunkles

Dunkles ist das perfekte Bier für alle, die gerne auch mal einen Toffifee essen. Oder Karamellbonbons lutschen. Für echte Schleckermäuler eben. Dunkelbier ist der Vorgänger von Pils und Hellem und somit einer der ältesten Bierstile. Dunkles war vor allem in Bayern verbreitet, bis es Ende des 19. Jahrhunderts vom hellen Bier abgelöst wurde. Das dunkle Bier entstand infolge des Reinheitsgebotes und des bayerischen Sommerbrauverbotes, mit dem verhindert werden sollte, dass Menschen verdorbenes Bier tranken, das bei zu hohen Temperaturen gebraut wurde. Die dunkle Farbe des Bieres stammt von den eingesetzten Röst- und Karamellmalzen. Ganz früher wurden die sogenannten Malzdarren noch direkt befeuert, weshalb das Dunkel- oder auch Braunbier mitunter einen rauchigen oder sogar kratzigen Geschmack hatte. Dunkle Biere waren daher lange Zeit schwer zu brauen. Erst als sich die Röstungs- und Trocknungsmethoden verbesserten, wurde das Dunkelbier im Geschmack beständiger und besser.

Vaddas Power-Fakten für Dunkles-Kenner

Aufgrund seines rötlichen Schimmers und zur Unterscheidung vom Weißbier wurde das Dunkelbier ursprünglich Rotbier genannt.

Schwarzbier ist dunkles Bier, dessen Farbtiefe bei über 100 EBC liegen kann. »Normales« Dunkelbier liegt bei ca. 40 EBC.

Im 15. und 16. Jahrhundert wurde die Bierqualität des Dunkelbieres mit Lederhosen getestet. Das Bier wurde dazu auf einer Bierbank aus Eichenholz ausgegossen. Anschließend setzten sich zwei oder drei Männer mit ihren Lederhosen in die Bierpfütze. Dort mussten sie zwei bis drei Stunden ausharren. In dieser Zeit trockneten Bierbank und Lederhosen. Dann standen die Männer vorsichtig auf. Blieb die Bank dabei an ihren Hosen kleben, war das der Beweis dafür, dass der Brauer genügend Malz verwendet hatte.

Weißbier

Ein Weißbier, heißt es, sei wie eine Mahlzeit. Allerdings hast du danach ja noch nichts getrunken. Also muss mindestens noch ein zweites her. Das geht auch locker runter, dank jeder Menge Kohlensäure im Glas. Weißbier ist daher besonders erfrischend.

Der Geschmack ist malzig-getreidig. Da Weißbier nur wenig gehopft wird, ist das Bier nur mäßig bitter. Schon die alten Ägypter haben Bier aus Weizen gebraut. Hierzulande hat der Kulturkampf ums Bier dazu geführt, dass sich das Weißbier lange Zeit nur als lokale Spezialität entwickeln konnte, denn eigentlich war das Brauen von Weißbier durch das Reinheitsgebot verboten. Denn was darf laut Reinheitsgebot ausschließlich ins Bier? Richtig, Hopfen, Wasser, Gerstenmalz. Da war der Weizen erst mal außen vor. Da sich mit den Braurechten allerdings ganz gut Politik und Geld machen ließ, gab es seit dem 16. Jahrhundert hier und dort Ausnahmen von der Reinheitsgebotsregel. Mit dem Aufkommen anderer Bierstile war das Weißbiermonopol jedoch im 19. Jahrhundert Geschichte.

Vaddas Power-Fakten für Weißbier-Kenner

Wer es wagt, in Bayern das Weißbier Weizenbier zu nennen, wird so lange von der Bedienung und den anderen Gästen mit tödlichen Blicken gefoltert, bis auch er das Weißbier Weißbier nennt.

König Maximilian I. sanierte Anfang des 17. Jahrhunderts mittels des von ihm eingeführten Weißbiermonopols seine Staatsfinanzen und machte die Bayern, die eigentlich Weintrinker waren, mit hohen Weinsteuern zu Biertrinkern.

Die aus dem Weißbiermonopol hervorgegangene Staatliche Hofbräuhaus Brauerei trägt noch heute mit ihren Gewinnen zum Bayerischen Staatshaushalt bei.

In Nürnberg gibt es ein Weizenbierglasmuseum.

Bei der Berliner Weissen handelt es sich um ein Weißbier, das in Berlin gebraut wird. Es ist allerdings deutlich saurer als seine bayerischen Pendants.

Wer in einer Wirtschaft einen Russn bestellt, der bekommt ein Weißbier mit Zitronenlimo. Also quasi ein Weißbier-Radler. Also quasi Hausverbot beim Vadda.

IPA

IPA steht für Indian Pale Ale. Kommt das Bier also aus Indien? Nein, es wurde dorthin gebracht. Sagt die Legende. Und zwar, um die in Indien stationierten britischen Soldaten mit dem gewohnten Bier – dem damals in England verbreiteten Pale Ale – zu versorgen. Um das Pale Ale für den Transport per Schiff haltbarer zu machen, wurde der Alkoholgehalt erhöht und das Bier sehr viel stärker gehopft. Schließlich hat Hopfen eine antibakterielle Wirkung. Das Indian Pale Ale war geboren. Als die englischen Soldaten aus Indien zurückkehrten, machten sie das süffige (Alkohol ist ein Geschmacksträger!) und geschmackvolle (die volle Hopfenwürze) Bier auch in England beliebt. Dass das IPA heute der beliebteste Craft-Bier-Stil ist, liegt vor allem an der geschmacklichen Bandbreite, mit der Brauer ein IPA gestalten können. Das IPA ist daher mitnichten eine Erfindung aus den USA, wie viele denken.

Bockbier

Bock auf ein Bier? Aber immer. Vor allem, wenn es ein Bockbier ist. Erfunden wurde es im Mittelalter im Norden Deutschlands. Um das Bier für den Export haltbar zu machen, wurde es mit einem höheren Alkoholgehalt als gewöhnlich gebraut. Auf die Spitze trieben das Ganze irgendwann Mönche im Kloster, die in der Fastenzeit Hunger hatten. Nun gehört das Hungerhaben in der Fastenzeit zwar zur Natur der Sache, aber da es auf der Welt keine größere Kraft gibt als einen Mann, der Hunger hat, kommen dabei halt Erfindungen wie der besonders nahrhafte Doppelbock bei raus. Was den Mönchen damals in die Karten spielte: Das Trinken, also flüssige Nahrung, war ihnen auch in der Fastenzeit erlaubt. Klassisches Bockbier – auch Starkbier genannt – gibt es in allen möglichen Varianten: als Helles, als Dunkles und sogar als Weißbierbock. Die Biere haben einen Alkoholgehalt von 6 Prozent und mehr und zeichnen sich durch ihren reichen Körper aus.

Vaddas Power-Fakten für Bockbier-Kenner

. . . .

Maximator, Triumphator ... Dass so viele Bockbiere auf die Silbe -ator enden, geht auf die Paulaner Brauerei und den traditionellen Starkbieranstich mit dem Bockbier Salvator zurück. Eigentlich wollten andere Brauereien ihre Bockbiere ebenfalls Salvator nennen. Doch ein Gericht bestätigte den Begriff Salvator als Markenname, woraufhin die anderen Brauereien kreativ wurden und kurzerhand nur noch die Endsilbe -ator als Kennzeichnung ihrer Bockbiere nutzen.

Um einen traditionellen Eisbock herzustellen, wird das Bier vereist und das gefrorene Wasser entfernt, um den Alkoholgehalt zu erhöhen und den Geschmack zu verdichten.

Lange Zeit war der Schorschbock – ebenfalls ein Eisbock – das stärkste Bier der Welt mit einem Alkoholgehalt von erst 43 und später 57,5 Prozent. Er wurde lediglich von einem Bier geschlagen, dem reiner Ethylalkohol beigemischt wurde.

Vaddas Short Facts zum Thema Bier

Lager: Im Grunde genommen ist ein Lager nichts anderes als ein Helles. Es wird mit untergäriger Hefe gebraut und ist wenig gehopft. Der Begriff Lager entwickelte sich, da das Bier zwar im Winter gebraut wurde, aber in Bierkellern bis in die Sommermonate gelagert werden konnte.

Export: Hat einen etwas höheren Alkoholgehalt, da es stärker eingebraut wurde. Auch hier ging es den Braumeistern darum, das Bier für den Export haltbarer zu machen. Da mehr Alkoholgehalt in der Regel jedoch auch mehr Geschmack bedeutet, erfreute und erfreut sich das Exportbier auch im Regionalmarkt großer Beliebtheit.

Kellerbier: Das besondere Merkmal von Kellerbieren? Sie sind unfiltriert, kommen also direkt aus dem Keller. Die naturtrüben Biere verfügen in der Regel über einen dichten Körper und sind etwas stärker gehopft als das klassische Helle.

Märzen: Der Name dieses Bieres leitet sich vom Braumonat März ab. Mit diesem Bier umgingen die Brauer das Sommerbrauverbot.

Leichtbier: So werden alle Biere bezeichnet, die einen Alkoholgehalt von 2,5 bis 4 Prozent haben.

Vollbier: So heißen alle Biere, die in einem Stammwürzebereich von 11 bis 16 Prozent gebraut werden. Daneben gibt es

unter anderem noch die Schankbiere (7 bis 11 Prozent Stamm-
würze) und die bereits vorgestellten Starkbiere (ab 16 Prozent).

Das perfekte Glas für jedes Bier

Während es beim Wein selbstverständlich ist, Rotwein aus
einem Rotweinglas und Weißwein aus einem Weißweinglas zu
trinken, hinkt die Bierkultur diesbezüglich noch etwas hinterher. Das liegt natürlich auch daran, dass in den meisten Bier-
genuss-Fällen gar kein Glas vonnöten ist, weil das Bier direkt
aus der Flasche getrunken wird. Daran ist auch nichts auszusetzen. Für besondere Festtage wie Opas Neunzigster, Thorbens Hauptschulabschluss oder den Ich-hab-vergessen-wie-
vielten Hochzeitstag darf es ruhig auch mal etwas stilvoller
sein.

Zu den fünf Biergläsern, die jeder Vater besitzen sollte, gehören:

Der Willibecher

Das Standardglas für Helles und ein schönes Uni-
versalglas. Die Form des Willibechers ist mit dem
Körperbau des Vaddas identisch. Unten schmal, in
der Mitte ein bisschen mehr, und oben läuft alles wieder spitz zu. Erfunden hat das Glas Willi
Steinmeier von der Ruhrglas AG im Jahre 1954.
Bis zu 10 Millionen Gläser werden noch immer
jährlich verkauft.

Willibecher

Die Stange

Die Stange sieht aus, als hätte jemand die Gläser aus einer Puppenstube gemopst und zweckentfremdet. So winzig klein muten die zylinderförmigen Gläser an. Dass es die Stange nur in einer Größe von 0,2-Litern gibt, liegt am instabilen Bierschaum und dem geringen CO_2-Gehalt des Kölsch. In größeren Gläsern wäre Kölsch einfach zu schnell schal.

Stange

Die Pilstulpe

Das Glas mit Stiel. Der Grund der Biertulpe kann unterschiedlich schmal sein. Viel wichtiger ist ohnehin, dass das Glas sich nach oben hin stark verjüngt, wodurch der hopfig-bittere Geschmack eines Pils perfekt betont wird. So muss das sein ... Noice.

Pilstulpe

Der Maßkrug

Das perfekte Glas für alle, die keine halben Sachen machen wollen. Die Form geht auf den sogenannten Seidel zurück, eines der ältesten Biergläser in Deutschland. Das Glas ist meist dicker. So bleibt das Bier länger kalt. Die typischen runden Einkerbungen am Maßkrug heißen übrigens Augen. Mit ihnen kann man zum Beispiel angeben, in welchem Mischungsverhältnis man seine Radlermaß haben möchte.

Maßkrug

Das Weißbierglas

Ein gut eingeschenktes Weißbierglas ist so formschön, dass die FIFA ihren Fußball-Weltmeister-Pokal im selben Stil designt hat. Das Glas hat im Gegensatz zu Thorbens Oma einen schlanken Fuß und eine anmutige Taille, die sich perfekt greifen lässt. Die schmale Form lässt die Kohlensäure des Weißbiers nur langsam entweichen, weshalb sich die Schaumkrone besonders lange hält. Der dicke Boden sorgt für die nötige Stabilität. Da das Glas wie gesagt sehr dünn ist, stößt man traditionell auch mit dem festeren Boden an.

Weißbierglas

Bier als Medizin

Bier heilt alle Wunden. In Tschechien oder in Polen wird es von Ärzten sogar bei urologischen Beschwerden auf Rezept verschrieben. Hier eine kleine Übersicht, welches Bier in welcher Menge du in welchem Krankheits- oder Unglücksfall zu dir nehmen solltest:

Finalniederlage bei der Fußball-WM:	ein 5-Liter-Fässchen
Vorrundenaus bei der Fußball-WM:	ein 10-Liter-Fässchen
Thorbens E-Jugendspiele im Fußballverein (bzw. die deines Kindes):	zwei Hefeweizen
Grillabend mit Jürgen (oder deinen besten Freunden):	offiziell fünf Bier (inoffiziell acht)

Hitzetage mit Temperaturen über 30 Grad:	Bierinfusion mit einem Durchlauf von 0,5-Litern/h
Geburt eines Kindes:	drei Tage lang morgens, mittags und abends je ein Bier
Geburt eines Kindes wie Thorben:	ein letztes Mal Komasaufen
an einem Samstag Kinderklamotten im H&M shoppen.	Frühschoppen mit drei Bier
Elternabend in der Schule	exakt die Menge, die nötig ist, um Thorbens Klassenlehrerin, die die ganze Zeit dieses langweilige Zeug erzählt, tatsächlich ein wenig attraktiv zu finden
der Moment, in dem Thorben oder dein Kind mehr Liegestütze schafft als du	Ab jetzt ist alles egal. Hau rein, so viel, wie du willst.

Die Vadda-Gebote für gepflegtes (Bier-)Trinken

1. Du sollst kein Radler trinken.
2. Fragen Personen, die bei dir zu Besuch sind, nach einem Radler, ist es vollkommen in Ordnung, diesen Menschen Hausverbot zu erteilen.
3. Das Hausverbot kann erlassen werden, wenn diese Menschen ihrer Sünde glaubhaft abschwören, zum Beispiel indem sie mit einem Kasten »Noice« vorbeikommen und ihn gemeinsam mit dir leeren.
4. Wir trinken nicht aus Strohhalmen. Auch nicht, wenn diese Strohhalme in Eimern stecken. (Solltest du dich fragen, warum, lass dich beim Trinken mit einem Strohhalm filmen und sieh dir das Video an.)

5. Ist niemand der Anwesenden mehr in der Lage, die Foto-App seines Smartphones zu bedienen, oder haben alle Anwesenden ihre Smartphones zu Hause »vergessen«, kannst du trinken, woraus du willst. Was in der Kneipe geschieht, bleibt in der Kneipe.

6. Besuchst du eine dir fremde Stadt oder fährst in den Urlaub, bist du verpflichtet, dich durch die heimischen Biere zu probieren.

7. Rülpser müssen klingen wie der Jagdschrei eines Tyrannosaurus Rex. Oder sie bleiben drinnen.

8. Es ist deine heilige Pflicht, nach jedem Schluck Bier den Gersten- und Hopfengöttern ein seliges »Noice« zu entbieten.

Väter beim Heimwerken
Artikel 3: »Nach fest kommt ab.«

Es kommt der Tag, da blickt ein Vater auf sein Haus, und er weiß: »Das muss alles neu.« Er blickt auf zugige Fenster, knarzende Holzleisten, auf Türen, an denen der Lack abblättert. In so einem Haus kann er doch keine Kinder großziehen. Er könnte jetzt einen Handwerker rufen. Aber das lohnt sich nicht, denn der Vater weiß auch: Um das Haus muss sich jemand kümmern, der wirklich Ahnung hat. Schließlich ist guter Pfusch besser als schlecht gearbeitet. Also geht er in die Garage, holt seinen Werkzeugkasten und macht sich ans Werk. Natürlich erst, nachdem er ein Bier getrunken hat. Erst grübeln, dann dübeln.

Sprüche, mit denen ein Vater seine Partnerin überzeugt, dass er weiß, was er tut, wenn er Hammer und Nagel in der Hand hält

»Die Handwerker rufen? Nee, lass mal, das hab ich in einer Stunde gemacht.«

»Wenn ich die Handwerker rufe, dann bauen die mir doch das Erdgeschoss in den dritten Stock.«

»Warum ich so keuche? Wenn der Job einfach wäre, würde ihn ja die Polizei machen.«

»Das ist nicht schief. Das hat ein Gefälle.«

»Das zieht sich noch gerade.«

»In zwei Tagen siehst du den Kratzer gar nicht mehr. Das guckt sich weg.«

»Keine Sorge, das hält.«

»Den kleinen Knubbel da? Den flex ich noch weg.«

»Silikon macht das schon.«

»Das ist nicht undicht. Das ist Restfeuchte. Morgen ist das picobello.«

»Das gehört so.«

»Warum das so lange dauert? Rom wurde auch nicht an einem Tag gebaut.«

»Den Rest mache ich später.«

Wenn das »später« um mehrere Tage verstrichen ist, kannst du noch ein elegantes »Den Rest macht der Maler« nachlegen.

Das richtige Heimwerker-Mindset

Egal welcher Herausforderung sich heimwerkende Väter gegenübersehen, ob sie Parkett neu verlegen, die 250 Euro für den Einbau der neuen IKEA-Küche eingespart haben und die Schränke lieber selbst montieren, im Garten einen Pool ausheben oder die Batterien der Fernbedienung wechseln ... Mit dem richtigen Mindset ist dem Ingeniör nichts zu schwör. Väter brauchen zum Beispiel keine Wasserwaage. Väter haben die Wasserwaage im Auge. Und zur Not messen sie mit ihrem Zollstock nach, ob das Regal wirklich schief ist, wie Thorben behauptet. Väter wissen auch, dass ein Hammer immer nur so gut ist wie die Hand, die ihn führt. Und haben deshalb auch immer ein Pflaster im Werkzeugkasten. Gedruckte Anleitungen? Brauchen Väter nicht. »Das baut sich von selbst auf.« Dank Väter-Logik. Geht nicht, gibt's nicht. Und was nicht passt, wird passend gemacht. Und wenn alle anderen verzweifelt auf die herumliegenden Platten, Schrauben, Latten und Nägel und die vielen Werkzeuge blicken und ängstlich von »Chaos« sprechen, dann weiß ein Vater: »Das ist kein Chaos. Du verstehst nur das System nicht.« Väter wissen auch intuitiv, wann eine Pause angesagt ist. Denn gutes Werkzeug braucht Zeit, um sich zu erholen. Und mit ihm der Vater. Bei einem Bier.

20 Dinge, für die Väter einen Zollstock verwenden können

1. Sich am Rücken kratzen.
2. Eine Bierflasche öffnen, um sich auf den Aufbau von Thorbens neuem Bücherregal einzustimmen.
3. Thorbens Größe messen. (Und immer heimlich fünf Zentimeter dazurechnen, um sein Selbstvertrauen zu stärken.)
4. Winkel messen.
5. Eine zweite Bierflasche öffnen, nachdem du alle Pakete für Thorbens neues Bücherregal ausgepackt hast, überprüft

hast, ob alle Teile und Schrauben da sind, und die Aufbau-
anleitung in den Papierkorb geschmissen hast.

6. Sich eine »Gitarre« bauen, auf der du deine Lieblingslieder
spielst.

7. Thorbens im Baum stecken gebliebenes Frisbee befreien.

8. Erdnüsse, die unter das Sofa gefallen sind, hervorholen.

9. Thorben, der zwei Meter entfernt mit Noise-Cancelling-
Kopfhörern am Tisch sitzt und ins Handy starrt, vom Sofa
aus anstupsen, damit er einem noch ein frisches Bier aus
dem Kühlschrank holt.

10. Der Aufforderung an Thorben, sein Zimmer endlich aufzu-
räumen, Nachdruck verleihen. Dafür nimmt man den Zollstock in die eine Hand und schlägt ihn mehrmals hinterein-
ander auf die Handfläche der anderen Hand. Sehr langsam,
aber sehr bestimmt. So erzeugst du ein Geräusch ähnlich
dem Ticken einer Zeitbombe. Gepaart mit einem Gesichts-
ausdruck, der aus schmalen Augen und zusammengepress-
ten Lippen besteht. So machst du unmissverständlich klar,
dass es jetzt aber wirklich gleich knallen wird. Aber so was
von ...

11. Die dritte Bierflasche öffnen, weil der Aufbau von Thorbens
neuem Bücherregal doch nicht so leicht wie gedacht ist.

12. Die Größe der Arbeitsplatte in Jürgens neuer Küche nachmessen, nachdem du sie auf 110 Zentimeter geschätzt
hast.

13. Die Größe von Jürgens neuem Küchentisch abmessen,
nachdem du ihn auf 180 Zentimeter geschätzt hast.

14. Jürgens Behauptung überprüfen, dass er wirklich 18-Zoll-
Felgen an seinem neuen Wagen hat.

15. Sich an der Stirn kratzen, nachdem man die Gebrauchsan-
weisung für Thorbens neues Bücherregal aus dem Papier-

korb gefischt hat, um doch noch mal kurz einen Blick drauf zu werfen.

16. Jürgen beweisen, dass die Hecke an seinem Zaun zwei Zentimeter höher ist als erlaubt. (»Keine Sorge, Jürgen, das bleibt unter uns.«)

17. Dem Schankkellner in einem bayerischen Biergarten oder auf dem Oktoberfest beweisen, dass der Füllstand der Maß ungenügend ist.

18. Auf Kreuzfahrt die Größe der Kabine ausmessen, um zu überprüfen, ob die Quadratmeterzahl mit der Angabe im Katalog übereinstimmt.

19. Die Höhe des Rasens in Jürgens Garten nachmessen und ihm erklären, dass er da lieber noch einen Zentimeter wegnehmen sollte, damit das Gras und der Boden auch richtig atmen können.

20. Die vierte Bierflasche öffnen, nachdem Thorbens Bücherregal nach drei Stunden harter Arbeit endlich fertig aufgebaut ist, und dabei zufrieden verkünden: »Das steht wie eine Eins. Nicht so krumm und schief wie du, Thorben. Mach doch mal deinen Rücken gerade.«

10 Dinge, die in Vaddas Werkzeugkasten nicht fehlen dürfen

So wie Strampler und Schlafanzug Teil jeder Babyausstattung sind, gehört ein gut gefüllter Werkzeugkasten zur Grundausstattung eines jeden Vaters. Dabei kommt dem Werkzeugkasten eine ähnliche Bedeutung zu wie der Dreikönigenschrein im Kölner Dom. Die Reparaturwunder im Haushalt, wenn der Wasserhahn mal wieder tropft oder die Türangel quietscht, vollbringen sich schließlich nicht von allein. Ein Vadda liebt sein Werkzeug wie sein eigenes Fleisch und Blut. Schließlich opfert er beides oft genug, wenn er sich mal wieder auf einer seiner schier ausweglosen Heimwerkermissionen befindet.

Die folgenden Werkzeuge sollten in keinem Vadda-Werkzeugkasten fehlen:

Der Akkuschrauber: Nichts gegen den guten alten Schraubendreher. Aber wozu sollte sich ein Mann noch manuell abrackern, wenn sich derselbe Job viel besser und viel schneller elektrisch erledigen lässt? Außerdem sind Akkuschrauber so verdammt praktisch. Ich meine, wenn du dich beim Aufbau von Thorbens Bücherregal mal kurz verschraubt hast, weil die Bohrungen vom Hersteller nicht richtig angesetzt wurden, änderst du einfach die Drehrichtung und schon ist das Problem gelöst.

Die Bohrmaschine: Beton, Plastik, Metall, Holz, ein Loch in den Zaun zu den Nachbarn, um zu gucken, was die tagsüber so treiben ... Egal was gebohrt werden muss, der Schlagbohrmodus in einer Bohrmaschine bleibt drin.

Blitzzement: Kann man immer gebrauchen, zum Beispiel um die etwas zu groß geratenen Bohrlöcher wieder zuzuspachteln.

Der Sechskant: Dieser befindet sich – selbstredend unsortiert – in allen Größen in deinem Werkzeugkasten. Schon allein aus dem Grund, um zu Thorben sagen zu können:»Hol mir mal den Siebener-Sechskant, du Flachzange.« Und sich über die Fragezeichen in Thorbens Gesicht zu freuen.

Der Schwingschleifer: Das vielleicht wichtigste Werkzeug im Haus, da du mit ihm dafür sorgst, dass die Oberflächen sämtlicher Holzmöbel in deinem Haus glatt wie ein Marmor bleiben. Okay, du bezahlst diesen Einsatz mit einer Staublunge, die dich vier bis fünf deiner Lebensjahre kostet. Aber dafür kannst du Jürgen jedes Mal, wenn er zu Besuch ist, auffordern, mit der Hand über deinen Küchentisch zu streichen und versonnen raunen: »Wie die Haut von Sabine früher, was?«

Der Drehmomentschlüssel: Wenn du mit 200 Sachen über die Autobahn flitzt, zum Beispiel um doch noch pünktlich zum WM-Finale zu Hause zu sein oder weil du mit Jürgen in zehn Minuten zum Bier verabredet bist, du aber noch 40 Kilometer zu fahren hast, sollten die Radmuttern an deinem Fahrzeug bombenfest sitzen. Genau wie die Ölablassschraube oder die Zündkerzen. Genau dafür ist dein Drehmomentschlüssel da. Sollte ein Tollpatsch wie Thorben sich deinem Drehmomentschlüssel auch nur auf einen Meter nähern, bist du als Vater verpflichtet, den folgenden Satz zu sprechen: »Thorben, Finger wech und Abgang. Das ist ein Präzisionswerkzeug.« Zeigt dir ein Vater bei einem Besuch seinen Drehmomentschlüssel, folgt dem anerkennenden Nicken stets die Frage: »Mit oder ohne Rutschkupplung?« Verfügt der Drehmomentschlüssel über keine Rutschkupplung, solltest du dein Gesicht in Sorgenfalten legen und sagen: »Ist eine Investition, über die ich nachdenken würde.« Ist eine Rutschkupplung vorhanden, klopfe dem Drehmomentschlüssel-Besitzer lobend auf die Schulter und sage: »Du kennst dich aus, was?«

Panzerband: In 99 von 100 Fällen lautet die Antwort auf eine Heimwerkerfrage: Panzerband. Die Scheibe an deinem Auto ist kaputt? Mit Frischhaltefolie und Panzerband ist flugs eine neue

Scheibe gezaubert. Thorbens Arm ist gebrochen? Aus ein paar Ästen und Panzerband wird eine Armschlinge, die dem medizinischen Original in nichts nachsteht. Sabine jammert, dass die Haarentfernung bei ihrer Kosmetikerin schon wieder teurer geworden ist ... Es ist wirklich unglaublich, wie viele Probleme sich mit Panzerband ganz einfach lösen lassen.

Die Rohrzange: Wenn's unter der Spüle in der Küche tropft, holt Vadda die Rohrzange aus dem Werkzeugkasten und zieht die Stopfbuchsen und Rohrverbindungen wieder richtig nach. Aufgrund ihres beweglichen Rillengelenks gehört die Rohrzange zu den Werkzeugen mit der größten Verletzungsgefahr für Laien. Auf die Reparatur des Abflusses folgt daher nicht selten auch die Reparatur eines Vadda-Fingers. »Thorben, hol mal ein Pflaster, aber pronto.«

Die Säge: Für das Durchtrennen von Holzleisten und Jungfrauen (»Keine Angst, Thorben. Dir passiert nix. War nur ein Spaß!«) hat der Vadda immer auch eine elektrische Säge parat. Elektrische Sägen dürfen allerdings nicht benutzt werden, ohne dass der Vadda von früher erzählt: »Thorben, mein Junge, du weißt gar nicht, wie gut du es hast. Früher, da haben wir die Rohre für den Kaltwasserzufluss zu unserer Therme noch mit dem Fuchsschwanz gesägt. Das war vielleicht eine Schweinearbeit. Und heute. Drückst du bei der Säge kurz auf den Knopf, und zwei Sekunden später ist der Finger von der Hand hab. Brauchst aber keine Angst zu haben. Das nähen die heutzutage ruckzuck wieder an.«

Die »Schrauben und Dübel«-Box: Ein Vadda weiß nie, wann welche Heimwerker-Herausforderung auf ihn zukommt. Doch damit er bei Thorbens kleinem Finger schwören kann, dass ihm kein Bohrloch zu groß und kein Stuhl zu wackelig ist, benötigt er eine »Schrauben und Dübel«-Box. Dank dieser Box ist ein Vadda vorbereitet, denn in dieser Box befinden sich Schrauben und Dübel in allen Formen, Farben und Größen. Schlitzschrauben und Spreizdübel, Torxschrauben und Knotendübel, Kreuzschlitzschrauben und Klappdübel ... Oft handelt sich dabei um Reste, die bei anderen Bauprojekten »zufällig« übrig geblieben sind.

Sätze, die aufzeigen, wie es um Vaddas Heimwerkerprojekt steht

Heimwerken ist ein ebenso komplexer wie komplizierter Prozess, der für Außenstehende, insbesondere für Frauen, nicht so leicht zu durchschauen ist. Anbei zehn Sätze, an denen sich der aktuelle Projektstatus kinderleicht erfassen lässt.

Vadda sagt ...	Aktueller Projektstatus
Thorben, hol mir mal ein Bier.	Das Projekt befindet sich noch in der Planungsphase.
Hier, Thorben, die Anleitung. Die brauche ich nicht. Ich bin ja vom Fach.	Es geht endlich los.
Jaajaaja.	Vadda blickt nicht durch, würde gerne in die Anleitung schauen, ist aber noch nicht bereit, das auch zuzugeben. (In die Anleitung schauen ist wie nach dem Weg fragen.)
Thorben, hol mal ein Dreierschlitz.	Vadda versucht Zeit zu gewinnen. Zum Beispiel um heimlich kurz in die Anleitung zu gucken.

Vadda sagt ...	Aktueller Projektstatus
Schau dir das mal an, Thorben, wie die beim Zuschnitt gepfuscht haben.	Vadda hat einen Fehler gemacht, ihn jedoch bemerkt und ist dabei, ihn zu korrigieren.
Seit zehn Minuten sagt der Vadda kein Wort mehr.	Es ist Gefahr im Verzug.
Jaajaaja ... Geht doch gut voran, oder, Thorben?	Vadda hat komplett den Überblick verloren.
Thorben, mein Bier ist alle und ich öl wie 'ne Fahrradkette. Mach dich mal nützlich und hol mir ein neues.	Jetzt läuft es wie geschmiert.
Das ist nicht schief, Thorben. Ich glaub, du musst mal wieder zum Optiker. Das gehört so.	Vadda sorgt dafür, dass hinterher wieder ein paar Schrauben und Dübel in der »Schrauben und Dübel«-Box landen.
Thorben, wie lange muss ich denn noch auf den Akkuschrauber warten ... Ich möchte einmal so Urlaub machen, wie du arbeitest.	Vadda ist fast fertig.
Komm schon, Thorben. Attacke Bonanza, aufräumen. Sonst klatscht es gleich. Aber keinen Beifall.	Der Vadda hat es mal wieder geschafft.

Ode an den Aufsitzmäher

Immer samstags, wenn er sein Wochentagwerk hinter sich gelassen hat, nimmt ein Vater Platz auf seinem wahren Thron: seinem Aufsitzrasenmäher. Er macht es sich auf dem gepolsterten Sessel bequem und blickt voller Vorfreude auf das saftige Grün, dem er gleich mit scharfer Klinge zu Leibe rücken wird. Er stellt die perfekte Schnitthöhe ein. Startet den leistungsstarken Motor. Und schon ist der Vater nicht mehr nur Vater, sondern ein virtuoser Rasenarchitekt, auf dem Weg, ein makelloses Kunstwerk zu schaffen. Auf seinem Sitzrasenmäher gleitet er mit Perfektion über das grüne Parkett. Er meistert enge Kurven mit Anmut und Grazie. Das fortschrittliche Mulchsystem verwandelt das abgeschnittene Gras derweil in nährstoffreichen Dünger, der den Rasen mit neuer Lebenskraft versorgt. Die geräumige Auffangbox nimmt das gemähte Grün großzügig auf. Mit eleganter Leichtigkeit verwandelt sich der grüne Struwwelteppich in eine geordnete Kulturlandschaft. Und nach getaner Arbeit richtet sich der Vater auf, schaut auf sein Werk und sieht, dass es gut ist. »Da kann der Jürgen nachher mit dem Zollstock nachmessen. Da ist kein Halm länger als der andere.«

Väter und Technik
Artikel 4: »Size does matter!«

So wie seine Kinder spielt auch der Vadda gern. Am liebsten mit technischen Geräten. Technik begeistert den Vadda. Das leise Schnurren und Surren von Motoren ist Musik in seinen Ohren mit der gleichen entspannenden Wirkung wie eine Klangschalentherapie. Das Aufblinken von Funktions- oder Warnlichtern führt beim Vadda dagegen zum sofortigen Übergang in einen stirngekrausten Konzentrationsmodus. Muss der Vadda etwa sofort handeln, um die Maschine zu retten? Muss er das rote oder grüne Kabel durchschneiden, um ein größeres Unglück zu verhindern? Technik sorgt bei Vätern für einen permanenten Mental Load. Schleudert die Waschmaschine heute nicht viel lauter als gestern? Da muss mal einer die Federn checken. Fließt das Wasser in der Küche nicht viel langsamer durch den Abfluss als letzte Woche? Der ist bestimmt verstopft. Und kommt die Wäsche in letzter Zeit nicht mehr ganz so trocken wie sonst aus dem Trockner? »Ich glaube, das muss ich mir mal genauer angucken.« Lochfraß, Materialermüdung oder Kabelbruch sind des Vaddas ärgste Feinde. Zentnerschwer lastet die Verantwortung für sämtliche elektrischen Geräte im Haushalt auf den Schultern von Vätern. Zum Glück kennen sie sich richtig gut mit Technik aus. Versagen Fernseher und Kaffeeautomat ausnahmsweise mal den Dienst, steht der Vater mit seinem Werkzeugkasten parat, zerlegt die Maschine und schraubt stundenlang daran herum. Nur um enttäuscht festzustellen: »Das sieht nicht gut aus. Da ist leider nichts mehr zu retten.«

Der Vadda-Fernseher

Der perfekte Vadda-Fernseher hat eine Größe von mindestens 60 Zoll.

Der perfekte Vadda-Fernseher verfügt über ein Sky-Abo, ein DAZN-Abo sowie Abonnements aller anderen Fußball-TV-Anbieter, mit denen es an einem Samstagnachmittag möglich ist, selbst die Bezirksligaspiele des 1. FC Nordenham live zu verfolgen.

Sind die Batterien der Fernbedienung des Fernsehers alle, ist der Vadda berechtigt, aus jedem – ich wiederhole: JEDEM – anderen batteriebetriebenen Gerät im Haushalt die Batterien zu entfernen und in die Fernsehfernbedienung einzusetzen. Es handelt sich schließlich um einen Notfall.

Hat sich der Vadda für ein TV-Programm entschieden, ist keine im Haushalt lebende Person berechtigt, den Kanal eigenmächtig zu wechseln. Selbst dann nicht, wenn der Vadda vor dem Fernsehgerät eingeschlafen ist.

Es ist vollkommen normal, dass an Vaddas Fernseher ein uralter Videorekorder angeschlossen ist. Ist Vadda in Stimmung – in der Regel nach dem dritten Bier –, holt er die Kassetten mit den alten Urlaubsvideos raus, die er von seinem Vadda geerbt hat und auf denen der Vadda in klein zu sehen ist, wie er im Sand an irgendeinem Strand in Italien spielt. Merkwürdigerweise schwenken die Videos immer mal wieder vom kleinen Vadda weg und fangen zufällig auch die Bikinis italienischer Strandschönheiten ein. Höhepunkt des Videos – »Guckt mal, guckt mal, guckt mal ... gleich kommt's« – ist der kleine Vadda, der plötzlich dringend mal muss und es nicht mehr bis ins Meer schafft, sondern einfach am Strand blankzieht und in den Sand pinkelt.

Die Vadda-Musikanlage

Die Musikanlage eines Vaddas verfügt über mannshohe Boxen, die der Vadda liebevoll einmal am Tag streichelt. Dreht man die Bässe richtig auf, sorgen diese mindestens für eine Darmverschlingung.

Bekommt der Vadda Besuch, ist der Besuch verpflichtet, dass auf der Musikanlage mindestens fünf Songs angespielt werden, um die Qualität des Bassfundaments der Boxen ausreichend beurteilen zu können und zu würdigen. »Schon stark, wie gut die Boxen im Mitteltonbereich unterwegs sind, oder? Und wie glasklar die hohen Töne ausgespielt werden. Ich sag's, wie es ist: Solche Boxen sind für die Ohren wie ein Maledivenurlaub.«

Die Musikanlage eines Vaddas verfügt noch über ein Kassettendeck. Jeder Mensch unter 18 Jahren, der Vaddas Haus betritt, muss vom Vadda gefragt werden, ob er überhaupt weiß, was eine Musikkassette sei.

Vadda und sein mobiles Endgerät

Väter sind verpflichtet, ihr Smartphone in einer schwarzen, abgewetzten Kunstlederklapphülle aufzubewahren. In dieser Hülle befinden sich immer auch ein Kugelschreiber und ein 20-Euro-Schein für Notfälle, wie zum Beispiel ein Bier am Kiosk.

Väter tippen am Bildschirm ihres Handys NUR mit dem Zeigefinger. Das Benutzen von Daumen zum Tippen oder von Mehrfinger-Schreibmethoden ist Vätern untersagt.

Bevor Väter mit ihrem Zeigefinger auf den Bildschirm ihres Handys tippen, sind sie verpflichtet, einen kurzen Moment innezuhalten. Dabei ignorieren sie geflissentlich, dass die Bediengeschwindigkeit des Vadda-Handys alle anderen in den Wahnsinn treibt. Egal, der Vadda bleibt cool und wird niemals hektisch.

Vor der Reparatur von mobilen Telefonen sind Väter verpflichtet, den folgenden Spruch aufzusagen: »Wie, dein Telefon hat keinen Empfang mehr? Hast du's schon mal bei Spiderman versucht? Der hat immer Netz?«

Vadda und seine Kamera

Väter sind leidenschaftliche Filmemacher. Vor allem im Urlaub gehen sie ihrer Passion besonders gern nach. Da eine Handykamera dem Qualitätsanspruch eines Vaters niemals gerecht werden kann, verbringt er seinen Urlaub trotz Sicherheits- und Handgelenksschlaufe an der Kamera in der ständigen Angst, dass ihm diese gestohlen wird.

Bevor Väter ein Foto machen, müssen sie sich in die dafür richtige körperliche Position begeben. Es ist Vätern verboten, beim Knipsen eines Fotos aufrecht zu stehen. Stattdessen sollten die Knie leicht angewinkelt und das Gesäß nach hinten geführt werden. Ein Bein darf in einem leichten Ausfallschritt nach vorn geführt werden. Für besonders schwierige Motive darf ein Vater auch knien.

Videos werden vom Vadda grundsätzlich nur mit voll ausgefahrenem 10-fach Digitalzoom aufgenommen.

Vor jeder Videoaufnahme müssen Väter den folgenden Satz sagen: »Bildstabilisierung? Brauch ich nicht. Ich bin Scharfschütze!«

Sind Väter mit ihrer Kamera unterwegs, müssen sie mindestens einmal am Tag durch das schnelle Ein- und Ausfahren des Zooms eine Anspielung auf den Vollzug von Geschlechtsverkehr machen.

Vadda und Computer

Obwohl Vadda sich – natürlich – bestens mit Computern auskennt, sind sie ihm immer auch ein bisschen suspekt. Vor allem seit sie kein CD-ROM-Laufwerk mehr haben. Und seit Thorben verkündet hat, dass er Streamer werden möchte. »Was ist das denn für ein Beruf? Und wer bezahlt denn dafür, dir beim Zocken zuzugucken? Das wär ja fast so, als würde ich mich ins Internet setzen und den Leuten was über Bier erzählen.«

Bevor ein Vater sich daranmacht, ein Computerproblem bei seinem Kind zu beheben, erklärt er dem Kind stets: »In den meisten Fällen sitzt das Problem vor dem Rechner.«

»Wie? Das Internet ist zu langsam? Kipp doch ein bisschen Wasser auf deinen Rechner. Dann surft der auch wieder schneller.«

»Mensch, Thorben, wenn's brennt, drück die Löschtaste.«

Väter und Grillen
Artikel 5: »Die natürliche Ernährungsform des Vaters ist das Grillen.«

Grillen und Bier? Das brauchen wir! Schließlich kann man in null Komma nichts mit einem Steak und Sixpack ein echtes 7-Gänge-Menü zaubern, das dem Hunger und dem Durst ein Ende setzt. Das Schöne am Grillen ist, dass man wirklich alles grillen kann. Sogar Äpfel. Wenn sie im Mund eines Spanferkels liegen. Als Natural Born Griller kennt sich ein Vater mit jedem Grill aus, ob Holzkohle, Gas- oder Elektrogrill ... Hauptsache, die Qualität der Produkte, die der Herr der Grillzange auf den heißen Rost legt, stimmt. Dabei gilt: Alles unter 200 Gramm ist Aufschnitt. Und ja nichts anbrennen lassen. Und wenn es doch mal passiert: Das Schwarze am Fleisch? Das kann man abkratzen.

Sprüche, die Vater am Grill bringen muss

»Mein Grill. Meine Regeln.«

»Wären Vegetarier nicht so schlechte Jäger, würden sie auch Fleisch essen.«

»Das Beste an Fleisch? Fleisch krümelt nicht.«

»ICH habe Feuer gemacht.«

»So, erst mal grillen, chillen, Bierchen killen.«

»Hey, Sabine, willst du ein Rind von mir?«

»Schwein gehabt. Die Steaks sind grad fertig.«

»Ich bin ja eher so der Ganzjahresgriller.«

»Grillen wir heute mit den Frauen oder ohne Salat?«

»Salat zur Wurst? Bist du verrückt, Thorben? Vom Salat schrumpft der Bizeps.«

»Werd mal nicht frech, Thorben. Ich werd dir das Marinieren schon noch beibringen.«

Die besten Fleischcuts

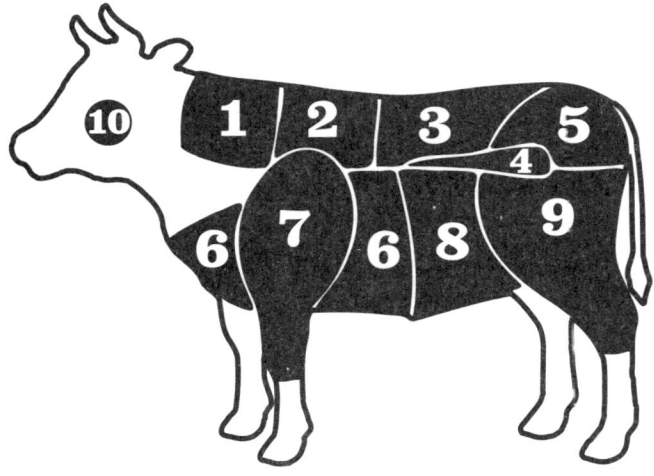

1. **Lecker! Los, wir müssen Fett verbrennen:**
   Nackensteak mit hohem Fettanteil
2. **Zum Reinbeißen! Richtige Knochenarbeit:**
   Kotelett, Tomahawk, Ribeye – mit oder ohne Knochen
3. **Njam, njam! Hoffentlich ist der Grill schon heiß:**
   T-Bone, Rumpsteak, Porterhouse (das Beste für Profis)
4. **Sehr, sehr lecker! Steak it easy:**
   Filet, Chateaubriand, Tournedo – besonders zart
5. **Exquisit! Mann mit Grill sucht Frau mit Kohle:**
   Sirloin, Lendensteak – geniale Qualität für Sparfüchse
6. **Schmackofatz! Grilling me softly:**
   Spareribs – mit Liebe und Zeit gemacht
7. **Delikat! Bloß nichts anbrennen lassen:**
   Flat Iron, Metzgerstück
8. **Well done! US BBQ:**
   Flap Steak, Flank Steak, Skirt Steak, Hanging Tender
9. **Vorzüglich: Reden ist Silber. Steak ist Gold:**
   das Bürgermeisterstück für Kenner
10. **Leider nix für den Grill:**
    Bäckchen – ab in den Ofen

Die perfekte Garzeit

Grillen ohne Bier ist unmöglich. Denn um die perfekte Garzeit für verschiedene Grillprodukte zu garantieren, haben Väter ein ausgeklügeltes System entwickelt, bei dem das Bier eine wichtige Rolle spielt. Sobald Bratwurst und Co auf dem Grill liegen, kannst du ganz leicht anhand der Zahl deiner Bierschlucke erkennen, wie weit das Fleisch ist. Dabei entspricht ein Bierschluck einer Garzeit von einer Minute.

Bratwurst:	10 bis 12 Schluck Bier
Käsekrainer:	10 Schluck Bier
Burger Patty:	5 Schluck Bier auf jeder Seite
Nackensteak:	4 bis 5 Schluck Bier auf jeder Seite
T-Bone:	3 bis 4 Schluck Bier auf jeder Seite
	(Wichtig: Nur einmal wenden!)
Hähnchenbrust:	15 Schluck Bier
Rinderbraten:	90 Schluck Bier (bei indirekter Hitze und ca. 2 Kilogramm Gewicht)

Den richtigen Gargrad an der eigenen Hand bestimmen

Je später der Grillabend, desto mühsamer wird das Zählen der Bierschlucke. Mit der genialen Handballen-Methode wissen Väter dennoch, ob das Fleisch durch ist oder noch ein bisschen braucht.

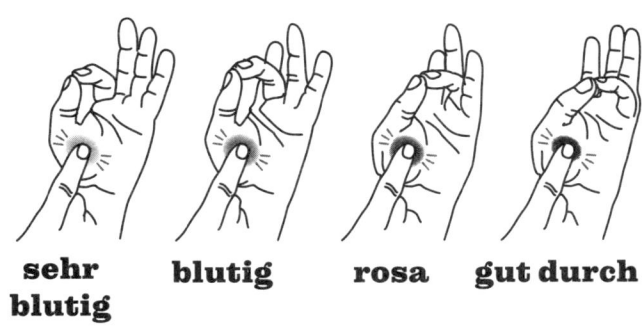

sehr blutig   **blutig**   **rosa**   **gut durch**

Raw – Drücke mit dem Zeigefinger der rechten Hand auf deinen linken Handballen. Willst du Fleisch, das lediglich so schnell wie ein Gepard am Feuer vorbeigelaufen ist, sollte es dieselbe Konsistenz haben.

Rare – Jetzt wird's blutig. Führe Daumen und Zeigefinger der linken Hand zusammen. Drücke wieder mit dem Zeigefinger auf den linken Handballen.

Medium Rare – Führe Daumen und Mittelfinger der linken Hand zusammen. Drücke mit dem Zeigefinger auf den linken Handballen. Das Fleisch sollte eine schöne rosa Konsistenz haben.

Medium – Führe Daumen und Ringfinger der linken Hand zusammen. Drücke mit dem Zeigefinger auf den linken Handballen. Dein Fleisch ist nun halb durch.

Well done – Führe Daumen und kleinen Finger der linken Hand zusammen. Drücke mit dem Zeigefinger auf den linken Handballen. Das Fleisch ist gut durch. Mit anderen Worten: Du hast es ruiniert.

Die 10 Grill-Gebote

1. Man nehme ein Bier, öffne es und schütte es langsam in den Grillmeister hinein.
2. Du sollst nicht mit dem Grillanzünder sparen. Dass du die richtige Menge Grillanzünder verwendet hast, erkennst du an deinen angesengten Augenbrauen. Sie wachsen nach. Das dauert ca. drei bis vier Monate.
3. Sobald das Thermometer eine Tageshöchsttemperatur von 15 Grad erreicht hat, wird angegrillt.
4. Wir warten, bis die Glut grau geworden ist – also die größte Hitze entwickelt hat –, und legen dann erst das Fleisch auf

den Rost. Da kann Thorben noch so lange quengeln, dass er aber schon Hunger hat und gern eine Wurst will.

5. Pute ist kein Fleisch.

6. Derjenige, der die Idee populär gemacht hat, Halloumikäse zu grillen, möge in der Hölle schmoren und von den Quietschgeräuschen umgeben sein, die das Beißen auf den Gummikäse – egal wie lang er gegrillt wurde - verursacht.

7. Begehre nicht deines Nachbarn Wurst.

8. Reicht das Fleisch nicht, ist derjenige, der die letzte Wurst hatte, verpflichtet, an der nächsten Tanke Nachschub zu holen.

9. Reicht das Bier nicht, ist derjenige, der die letzte Flasche hatte, verpflichtet, an der nächsten Tanke Nachschub zu holen.

10. Sollte keiner mehr in der Runde fahrtüchtig sein, können wir zur Not immer noch Thorben zur Tanke schicken.

(Vadda erklärt) Holzkohle-, Gas- oder Elektrogrill? Welcher ist der richtige für dich?

Ein echter Grillmeister definiert sich nicht über sein Equipment. Zur Not tut es auch der Kühlergrill eines LKWs, um die Bratwürste gar zu kriegen. Dennoch gibt es Vor- und Nachteile, die es bei der Auswahl des richtigen Grills zu beachten gibt. Nehmen wir den Holzkohlegrill – das Original. Holzkohle erfordert Geduld. Es dauert nun mal, bis die Kohle richtig schön durchgeglüht ist. Wie oft stand ich schon am Grill und war fix und fertig. Da hatte die Glut endlich genau die richtige Hitze, und wir waren schon mit allem durch, weil Sabine die ganze Zeit gedrängelt hat, dass sie doch so großen Hunger hat. Großer Hunger. Von wegen! Vier Würste und zwei Nackensteaks hat sie gerade mal geschafft. Und dafür der ganze Stress!? Egal. Wer häufiger Ungeduldsmenschen wie Sabine begrillen muss, sollte über einen Gasgrill nachdenken. Wichtigster Vorteil am Gasgrill: Er kriegt sofort Hitze. Wie die Frauen, wenn sie mich sehen. Und dann ist da ja noch der Elektrogrill. Grillen ohne Feuer. Das ist wie Backen ohne Mehl. Muss ich noch mehr sagen? Wer es wirklich ernst mit dem Grillen meint, lässt die Finger vom Elektrogrill.

Väter und Kochen
Artikel 6: »Schmeckt nicht, gibt's nicht.«[2]

Es gibt Tage im Leben eines Vaters, an denen der Grill sich ausruht und seine Familie dennoch Hunger hat. Vor allem Kinder sind jedoch von den positiven Aspekten, die mit dem Fasten einhergehen, schwer zu überzeugen. Die von den Mönchen übernommene Tradition des Trinkens von Starkbier in der Fastenzeit kommt für Kinder leider ebenfalls nicht infrage. Und bedauerlicherweise werden nicht einmal Kinder von einer Packung Gummibärchen oder einer Tafel Schokolade satt. Ich habe es ausprobiert. An solchen Tagen musst du dich als Vater wohl oder übel in die Küche stellen und eine Mahlzeit zubereiten. Allerdings sind Kinder beim Essen wählerischer als Sabine in der Disco früher. Vor allem sobald etwas Grünes im Essen auftaucht, ist die Küchenschlacht für einen Vater so gut wie verloren. Hier die Rezepte, mit denen du wenigstens eine kleine Chance hast, die hungrigen Mäuler zu stopfen.

---

2   Jedenfalls nicht, solange du Senf und Ketchup im Haus hast.

10 Gerichte,
die jeder Vater kochen können muss

TOAST HAWAII

Zutaten für vier Portionen:

- 4 Scheiben Ananas (aus der Dose)
- 4 Scheiben Toastbrot
- Butter
- 4 Scheiben Kochschinken
- 4 Scheiben Emmentaler
- Ketchup

So geht's:

Heize den Backofen auf 180 °C vor. Schmiere nun die Toastbrote vorsichtig mit Butter ein. Lege auf jedes Toastbrot eine Scheibe Kochschinken. Nun noch je eine Ananasscheibe dazu und eine Scheibe Emmentaler. Kochen kann man das Ganze hier wirklich nicht nennen. Aber es erfüllt seinen Zweck. Ab in den Ofen mit den Toasts. In 6 Minuten sollte der Käse geschmolzen sein und an der einen oder anderen Stelle bereits braun werden. Etwa 2 Minuten abkühlen lassen. Selbst wenn die Kinder quengeln, dass sie sterben, wenn sie nicht unverzüglich etwas zu essen bekommen. Servierst du den Toast sofort, verbrennen sich deine Kinder garantiert ihren Gaumen an der sehr heißen Ananas. Jetzt noch ein bisschen Ketchup in das eingeschmolzene Käseloch in die Mitte des Toasts geben. Fertig.

Und eines noch an alle Ananas-Hater da draußen: Ihr wisst, dass Toast Hawaii zu den geilsten Sachen gehört, die ihr je in eurem

Leben gegessen habt. Auch wenn ihr das nie zugeben werdet. Jedes Mal, wenn ihr einen Toast Hawaii seht, habt ihr Bock darauf. Aber ihr traut euch nicht zuzugreifen, ihr Flachpfeifen.

METTIGEL

Zutaten:

- 1 kg Schweinemett
- 3 kleine Zwiebeln
- Salz
- Pfeffer
- Pfefferkörner

So geht's:

Zuerst musst du die drei Zwiebeln schälen. Zwei davon musst du sehr fein hacken und mit dem Mett vermischen. Ordentlich Salz und kindgerecht Pfeffer dazugeben. Das Mett ordentlich verkneten. Am besten lass das die Kinder machen. Ohne dass sie sich zuvor die Hände gewaschen haben. So kommen noch ein paar Spezialgewürze von den Kinderpranken ins Mett. Die restliche Zwiebel muss längs in Streifen geschnitten werden. Anschließend gilt es, aus der Mettmasse einen Igel zu formen. Dann werden die Zwiebelstreifen als Stacheln in den Igelrücken gesteckt. Augen und Nase des Igels werden mit ganzen Pfefferkörnern in den Mettigel gedrückt.

HOTDOGS
· · · · · · · · · · ·

Zutaten:

- 4 St. Hotdogwürstchen
- 2 St. Gewürzgurken
- 4 St. Hotdogbrötchen
- 4 EL Remoulade
- 4 TL Senf
- 4 TL Ketchup
- 4 EL Röstzwiebeln

So geht's:

In einem Topf etwa 1 Liter Wasser aufkochen. Sobald das Wasser kocht, den Herd auf die kleinste Stufe stellen. Die Würstchen ins Wasser geben und ca. 10 Minuten ziehen lassen. Die Gewürzgurken in Scheiben schneiden. Für die Gourmet-Hotdog-Variante kannst du die Hotdogbrötchen aufbacken. Wenn du dir diesen Arbeitsschritt, den deine Kinder mit Sicherheit weder registrieren noch wertschätzen, ersparen willst, lass ihn einfach weg. Schneid die Brötchen längs auf und pfeffer je ein Würstchen hinein. Remoulade, Senf und Ketchup in so ausreichender Menge auf den Würstchen verteilen, dass die Hälfte davon beim Essen ruhig auf den Shirts oder Hosen deiner Kinder landen kann und sie trotzdem glücklich sind. Noch ein paar Scheibchen Gewürzgurke und Röstzwiebeln drauf. Guten Appetit.

NUDELN MIT JAGDWURST UND KETCHUPSOSSE

Zutaten:

- 500 g Makkaroni-Nudeln
- 1 Zwiebel
- 200 g Jagdwurst
- 125 g Butter
- 2 EL Mehl

- 2 EL Tomatenmark
- 200 ml Tomatenketchup
- 2 TL Salz
- etwas Pfeffer

So geht's:

Tomatensoße ist was für Anfänger oder Italiener. Profiväter greifen da lieber eine Etage höher ins Rezeptregal zur Ketchupsoße. Dafür zuerst die Zwiebel schälen und klein schneiden. Die Jagdwurst in kleine Würfel schnippeln. Beides in einem Topf bei mittlerer Hitze für ein paar Minuten anschwitzen. Angeblich bis die Zwiebeln glasig sind. Interessiert aber eigentlich keine Sau. Hauptsache, Zwiebeln und Wurst sind nicht mehr roh. Alles beiseitestellen und im selben Topf eine Mehlschwitze zubereiten. Ab hier handelt es sich um echtes Kochen, mit dem du hinterher prima angeben kannst. Butter schmelzen. Sobald sie flüssig ist, das Mehl mit einem Schneebesen unterrühren und aufkochen. Das Tomatenmark dazugeben und einrühren. Die Tomaten-Mehl-Pampe sollte eine sämige Konsistenz haben. Zur Not musst du ein bisschen Wasser hinzugeben. Ketchup sowie Zwiebeln und Jagdwurstwürfel dazugeben und aufkochen. Die Nudeln in einem anderen Topf kochen. Alles zusammenrühren. Fertig.

WURSTGULASCH

Zutaten:

- 6 Wiener Würstchen
- 1 Zwiebel
- 1 Knoblauchzehe
- 1 rote Paprikaschote
- 1 EL Olivenöl
- 50 g Speckwürfel
- 2 EL Tomatenmark

- 300 ml Rinderbrühe
- 400 g gehackte Tomaten
  (1 Dose)
- 100 g Crème fraîche
- 1 TL Paprikapulver edelsüß
- Salz
- Pfeffer

So geht's:

Die Würstchen in Scheiben schneiden. Zwiebel und Knoblauch schälen und klein schneiden. Paprika klein würfeln. Dabei handelt es sich um klassische Sklavendienste, die ruhig auch von deinen Kindern verrichtet werden können. Zum Beispiel im Tausch gegen eine halbe Stunde extra Bildschirmzeit. Das Olivenöl in einem Topf erhitzen. Speckwürfel und Zwiebeln dazugeben und 2 Minuten anbraten. Würstchen, Knoblauch und Paprika hinzufügen und alles für weitere 2 Minuten anbraten. Tomatenmark einrühren und kurz rösten. Die Rinderbrühe und die gehackten Tomaten hinzufügen. Alles mit Paprika, Salz und Pfeffer würzen und bei mittlerer Hitze für 20 Minuten köcheln lassen. Kurz vor Ende der Kochzeit die Crème fraîche unterheben. Es ist wirklich nicht schwer, schmeckt immer, und du kannst entweder Brote dazu machen oder ein paar Kartoffeln kochen.

EIERSALAT

Zutaten:
- 8 Eier
- 2 EL Mayonnaise
- Pfeffer
- 1 EL Essig
- 2 EL Sauerrahm
- 1 TL Senf

So geht's:
Ein Klassiker, den Väter immer im Kühlschrank haben sollten. Die Eier in einem Topf mit Wasser für rund 10 Minuten hart kochen. Anschließend aus dem Topf nehmen und abkühlen lassen. Die abgekühlten Eier schälen, in kleine Stücke hacken und in eine Schüssel geben. Mayonnaise, Salz, Pfeffer, Essig und Sauerrahm hinzugeben und gut verrühren. Für 3 Stunden im Kühlschrank ziehen lassen. Danach noch mal mit Salz abschmecken.

POMMES

Zutaten:
- 1 Auto

So geht's:
Fahre zur nächsten Imbissbude und kaufe sie dort.

PFANNKUCHEN

Zutaten:

- 2 Eier
- 200 ml Milch
- 1 Prise Zucker
- 1 Prise Salz
- 200 g Mehl
- 60 ml Mineralwasser
- etwas Speiseöl zum Ausbacken

So geht's:

Eier mit Milch, Zucker, Salz, Mehl und Mineralwasser zu einem glatten Teig rühren. Ist der Teig noch zu fest, gib etwas Wasser dazu. Ist der Teig zu flüssig, gib noch etwas Mehl dazu. In einer beschichteten Pfanne etwas Speiseöl erhitzen. Mit einer Schöpfkelle eine Kelle Teig in die Pfanne geben. Die Pfanne kurz in jede Richtung schwenken, um den Teig zu verteilen. Sobald der Teig oben Blasen schlägt, den Teig wenden und von der anderen Seite ausbacken. Es ist vollkommen okay zu versuchen, den Teig artistisch nur durch das Schwenken der Pfanne zu wenden. Die Wahrscheinlichkeit, dass du danach die Küche 1 Stunde lang putzen musst und dass deine Kinder nichts zu essen bekommen, liegt zwar bei 99 Prozent. Aber du und sie hatten wenigstens Spaß.

KARTOFFELBREI

Zutaten:

- 500 g Kartoffeln (mehlig kochend)
- 100 ml Schlagsahne
- 100 g Butter
- Salz

So geht's:

Kartoffeln schälen und 15 Minuten kochen. Das Wasser abgießen und stampfen. Sahne und Butter unterrühren. Mit Salz abschmecken. Und ja: Kartoffelbrei kochen ist wirklich so einfach, wie es klingt. Hast du mehrere Kinder, kannst du aus dem Kartoffelschälen einen Wettbewerb machen. Wer es schafft, die längste zusammenhängende Kartoffelschale zu schälen, ist der Kartoffelkönig. Du kannst es dir derweil als Schiedsrichter mit einem Bier gemütlich machen. Übrigens: Kartoffelbrei ist eine vollständige Mahlzeit. Kinder bis sechs brauchen keine weiteren Beilagen oder Extras. Sie schaufeln den Kartoffelbrei wirklich einfach so rein.

PIZZA

Zutaten:

- 1 Telefon

So geht's:

»Ciao, Giovanni, wir hätten gern eine Pizza Salami, eine Pizza Quattro Formagi und eine Pizza mit allem. Zum Abholen. Wie lange dauert's? 15 Minuten? Prima, ich bin in 5 Minuten da. Kannst schon mal ein Bierchen für mich zapfen.«

10 Gerichte, die du als Vater nicht kochen können musst (weil deine Kinder sie eh nicht essen wollen)

1. Zucchini-Gratin
2. alles mit Brokkoli
3. Quinoa-Bowl
4. Lachs-Avocado-Toast
5. Rote-Bete-Carpaccio
6. Kichererbsen-Curry
7. Spargel
8. gebackene Fasanenbrust auf rahmigen Trüffel-Lauch-Fettuccine.
9. Pot au Feu von der Steckrübe.
10. alle Rezepte, in denen irgendwas »confiert« wird

Vadda-Sprüche, mit denen du deine Kinder zum Essen motivieren kannst

»Es wird gegessen, was auf den Tisch kommt.«

»Du darfst erst wieder spielen, wenn du deinen Teller leer gegessen hast.«

»Mit dem Essen spielt man nicht.«

»Ein Löffelchen für die Mama, ein Löffelchen für den Vadda ...«

»Wenn du aufgegessen hast, gibt es noch ein Stück Schokolade.«

Väter und Mobilität
Artikel 7: »Bis dass der TÜV uns scheidet.«

Wenn ein Vater sich in sein Auto setzt, dann spürt er es: das Gefühl der großen Freiheit. Und dieses fiese, schmerzhafte Ziehen im unteren Rücken, weil er den ganzen Tag so hart arbeiten muss und keine Zeit mehr für Sport hat. Aber für seine Familie opfert ein Vater eben alles, auch seinen Hochleistungskörper. Doch das ist eine andere Geschichte. Um die tiefe Verbundenheit eines Vaters mit seinem Auto zu verstehen, muss man wissen, dass er dort die wichtigsten Momente seines Lebens erlebt hat. Der erste Kuss. Mit Kathrin. Mit Hannah. Mit Conny und so vielen anderen ... Dass mir der Wachtmeister vor zehn Jahren auf der Heimfahrt von der Disco wirklich geglaubt hat, dass ich nichts getrunken habe. Das Drag-Race, bei dem ich Jürgen aber so was von stehen gelassen habe. Die Stunden auf der Autostrada del Sole, auf der ich den Italienern gezeigt habe, wie man richtig Auto fährt. Oder aber der Tag, an dem ich die Strecke Mannheim-Varel in zweieinhalb Stunden geschafft habe. Ganz nach dem Motto: Wer bremst, verliert. Im Straßenverkehr wird der Vadda zum Jäger und Sammler. Er jagt nach dem kürzesten Weg. Er sammelt die Kilometer. Er wittert Blitzer im Voraus. Er pirscht sich an Radfahrern und Fußgängern vorbei.

Die Vadda-Verkehrsordnung

§ 1. Das Navigationssystem bleibt ausgeschaltet. »Navigationssystem? Ich bin das Navigationssystem!«

§ 2. Ein Fahrtziel darf grundsätzlich nicht auf den dafür ausgeschilderten Wegen erreicht werden. »Keine Sorge, ich kenn da 'ne Abkürzung.«

§ 3. Ein Vater verfährt sich nie. »Wir haben uns nicht verfahren. Wenn da vorhin jetzt nicht Stau gewesen wäre, wären wir längst da.«

§ 4. Schaltfehler sind ausnahmslos mit dem Satz »Ah, ein Gruß vom Getriebe« zu kommentieren.

§ 5. Das Navi bleibt auch auf dem immer schmaler werdenden Waldweg aus. »Ich weiß genau, wo ich lang muss.«

§ 6. Bei jeder Fahrt ist ein Vater verpflichtet, auf die Motorgeräusche zu achten und diese zu analysieren: »Heute hört er sich ein bisschen unrund an. Ich glaub, ich muss mir das am Wochenende mal angucken.«

§ 7. »Acht km/h kannst du immer schneller machen. Die Blitzer haben einen Toleranzbereich.«

§ 8. Überholvorgänge anderer Verkehrsteilnehmer sind mit den Worten »Der fährt wie ein Henker. Wir sehen uns auf deiner Beerdigung, du Trottel« zu begleiten.

§ 9. Es ist okay, Kinder nach dem zehnten Mal »Sind wir schon da?« an einem einsamen Autobahnrastplatz auszusetzen.

§ 10. Samstag ist Waschtag. Mit einem Hochdruckreiniger: »Pass ja auf, Thorben, und geh nicht zu nah mit dem Strahl an den Lack ran. Wenn da nachher ein Kratzer dran ist, zahlst du die Reparatur von deinem Taschengeld.«

§ 11. Sind vor einem an der Ampel stehende Verkehrsteilnehmer nicht in der Lage, binnen 0,5 Sekunden anzufahren, ist ein Vater berechtigt, diese Verkehrsteilnehmer anzuhupen und ihnen hinterherzufluchen: »Brauchst du 'ne Extraeinladung, oder was? Nu fahr doch endlich. Es ist Grrüühün.«

§ 12. Während einer Autofahrt, egal welcher Länge, sind Väter stets verpflichtet, damit zu drohen, gleich ins Lenkrad zu beißen.

§ 13. Biegen Autofahrer sehr langsam ab, etwa um keine Fußgänger zu überfahren, müssen Väter ihnen beim Vorbeifahren zurufen: »Schieb deine Karre doch gleich, dann bist du schneller, du Schnecke.«

§ 14. Die Fahrleistung der anderen Verkehrsteilnehmer ist grundsätzlich mindestens einmal pro Fahrt mit dem Satz »Mann, Mann, Mann ... Heute wieder nur Sonntagsfahrer unterwegs« zu bewerten.

§ 15. Fahrradfahrern und Fußgängern ist im Straßenverkehr grundsätzlich zu empfehlen: »Bleib doch zu Hause, du Honk.«

§ 16. »Mir doch egal, ob die Karre einen Parkassistenten hat. Ich hab zwei Augen, drei Spiegel im Auto und ein Lenkrad in der Hand. Das ist ja wohl Parkassistent genug.«

§ 17. Thorben bekommt Vaddas Auto nicht geborgt. Unter keinen Umständen. Nicht mal für zehnmal Spülmaschine ausräumen. Der kann sich ein Mofa kaufen und damit fahren. Oder laufen. Das ist sowieso viel gesünder.

Automarken und was sie über den Fahrer aussagen.

BMW – Abkürzung für:
Bierdosen müssen weg
Hierbei handelt es sich meist um hochmotorisierte Verkehrsrüpel, die denken, dass sie Benzin im Blut haben. Beobachtet man die ständigen physischen wie psychischen Aussetzer von BMW-Fahrern während des Fahrens, könnte da sogar was dran sein.

FIAT – Abkürzung für:
Fehler in allen Teilen
Während sich alle Welt beim Anblick von FIAT-Fahrern fragt, wie man ausgerechnet auf die Idee kommen konnte, sich einen FIAT zu kaufen, obwohl es noch über 100 andere Automarken auf dem Planeten gibt, stellen sich FIAT-Fahrer nachdem sie ihr Auto ein halbes Jahr gefahren haben, erstaunlicherweise genau diese Frage auch.

VW – Abkürzung für:
Vorsicht, Wahnsinn!
Sehr breites Fahrerspektrum. Hier kann hinter dem Lenkrad ein treusorgender Familienvater auf dich lauern, ebenso wie ein fahruntüchtiger Teenager, der seinen Führerschein in der Lotterie gewonnen hat. Es empfiehlt sich daher, beim Aufeinandertreffen mit VW-Fahrern immer auf den Worst Case vorbereitet zu sein.

FORD – Abkürzung für:
Für Opa reicht das!
Für diese Automarke entscheiden sich besonders gern Menschen kurz vor der Rente oder Menschen, die mit dem Arbeitsleben bereits abgeschlossen haben. Das sklavische Einhalten von Geschwindigkeitsvorgaben und der Straßenverkehrsordnung macht FORD-Fahrer für alle anderen Verkehrsteilnehmer zu einem rollenden Verkehrshindernis.

KIA – Abkürzung für:
Karre im Arsch
Schade, dass das Geld nicht für ein richtiges Auto gereicht hat.

AUDI – Abkürzung für:
Auch unter Deppen in
Ähnlich wie BMW-Fahrer besitzen auch AUDI-Fahrer einen Hang zur Selbstüberschätzung und einen entsprechend risikoreichen Fahrstil, der Alleebäume und Leitplanken akut gefährdet. Zudem besteht unter AUDI-Fahrern ein ausgeprägter Tuning-Fetisch.

OPEL – Abkürzung für:
Ohne Power ewig Letzter
Tja, was soll ich sagen, als gebrauchter Unfallwagen und mit 500.000 Kilometern auf dem Buckel war das Thorbens Auto, das er zum Abitur geschenkt bekommen hat. Selten waren 400 Euro so gut angelegt.

Väter und Reisen
Artikel 8: »Ganz schön heiß hier.«

Urlaub ist die schönste Zeit des Jahres. Statt auf dem Sofa darf der Vadda dann nämlich am Pool oder am Strand liegen und sein erstes Bier bereits zum Frühstück trinken. Das hat er sich verdient, der Vadda. Bier ist übrigens das einzige Wort, das Väter in jeder Sprache beherrschen. Ansonsten reden Väter langsam und deutlich in einfachem Deutsch mit dem Hotelpersonal oder Einheimischen. Dabei ist der Vadda immer auf der Hut, denn er weiß, dass die Menschen in fremden Ländern vor allem eines wollen: an Vaddas schwer verdientes Geld rankommen. Aber einen Vadda, den führt man nicht so leicht hinters Licht. Er kennt sich eben aus – auch auf Reisen – und ist auf alle Situationen vorbereitet.

Urlaubsziele.
Welche sich lohnen und welche nicht.

Italien: Heiß. Viele alte Kirchen und Paläste. Manchmal so windschief gebaut, dass man nicht mal einen Zollstock braucht, um zu sehen, dass da etwas nicht passt. Wenn kein Schnitzel mit Pommes auf der Karte steht, kann man problemlos auf eine Pizza Salami ausweichen. Daher: Top-Destination.

Spanien: Noch heißer. Erfinder der Bettenburg. Errichten Kirchen, wie sie Thorben mit nassem Kleckersand am

Strand immer baut. Machen den ganzen Tag Siesta, statt zu arbeiten. Ist ja auch viel zu heiß dafür. Allerdings hat man dann auch den ganzen Tag niemanden an der Rezeption, bei dem man sich beschweren kann.

Mallorca: Gehört zu den Reisezielen, an denen ein Vater gewesen sein muss, BEVOR er zum selbigen geworden ist. Leider ist der Ballermann nämlich nicht besonders kleinkinderfreundlich und macht monogam auch nur halb so viel Spaß.

Griechenland: Zu heiß. Dafür aber eine vorzügliche fleischlastige Küche mit Gyros und Co und viel Meer zum Abkühlen drum herum. Leider verwenden Griechen keine deutschen Buchstaben, was die Orientierung im Land schwierig macht. Andere Wörter benutzen wie die Italiener oder Spanier ist ja okay. Aber gleich ein eigenes Alphabet erfinden ... Muss das wirklich sein?

Österreich: Habe die Ehre. Gnädige Frau. Sehr wohl, sehr gleich. Österreicher schleimen sich mit übertriebener Höflichkeit bei jedermann gekonnt ein. Schöne Berge. Noch schönere Seilbahnen, die einen zu den schönsten Wiener-Schnitzel-Hütten fahren. Top-Destination.

Türkei: All-inclusive-Paradies. Mit deutscher Reisebegleitung immer eine Bank. Unbedingt auch einmal durch die Stadt über den Marktplatz schlendern und ein paar von den exotischen Gewürzen kaufen, die man zu Hause entweder nicht anrührt oder aber verwendet und das ungenießbare Essen hinterher wegschmeißt.

Kroatien: So günstig. Da kriegt Thorben ausnahmsweise sogar zwei Eis am Tag.

Frankreich: Es gibt für den Vadda keinen Grund, nach Frankreich zu fahren. Die Leute da essen Schnecken und Frösche und trinken Wein.

Dominikanische Republik: Weißer Sandstrand. Palmen. Handtellergroße Moskitos. Vadda goes Dschungel. Und Gerda und Günther aus Bochum sind auch da und sind für Thorben so etwas wie Ersatzgroßeltern: »Also, mein Günther sagt ja immer, dass die Jugend von heute so was von verweichlicht ist. Nicht wahr, Günther? Die haben keinen Respekt mehr vor den Lehrern in der Schule. Und auch keinen Respekt mehr vor den Alten. Die wissen immer alles besser. Toll, dass Sie da als Vater nicht verzweifeln. Möchten Sie vielleicht noch ein Bier, Herr Brock?«

Kreuzfahrt: Jajaja, die Tankrechnung von dem Riesenkasten möchte ich nicht bezahlen. Aber muss ich zum Glück ja auch nicht. Kreuzfahrten sind klasse. Die bieten einen Luxus, den du dir nicht ausdenken kannst. Jeden Tag kannst du in ein anderes Restaurant mit kilometerlangen Büfetts gehen. Und bei einem Durchschnittsalter der anderen Passagiere von 76 ist es überhaupt kein Problem, jeden Abend der Erste in der Schlange vorm Restaurant zu sein. Den ganzen

Tag kannst du am Pool liegen. Theoretisch könntest du jederzeit Sport im Fitnessstudio machen. Hahaha, guter Witz, oder? Fitnessgeräte sind im Urlaub selbstverständlich Lava.

Wohnmobil: Der genialste Urlaubs-Hack ist es natürlich, sein eigenes Zuhause in Form eines Wohnmobils mitzunehmen. Der größte Urlaubsspaß dabei? Dass Thorben sich ungelogen dreimal am Tag den Kopp an der Alkovendecke anstößt. Der Junge bringt mich noch ins Grab. Wenn Intelligenz fahren könnte, würde Thorben bergauf bremsen.

Vaddas Gebote für einen gelungenen Urlaub

Gebot 1: Im Reisebüro wird mit der Reiseberaterin verhandelt.
Verhandlungsmasse ist: Upgrade auf ein Zimmer mit Meerblick. Upgrade auf eine Außenkabine. Persönlich reservierte Liegen im Pool (»Dann muss ich Thorben nicht jeden Tag um 6 Uhr in der Früh mit den Badehandtüchern losschicken.«). Eine Bier-Flatrate. Eine Schnitzel-Flatrate. Die nette Reiseberaterin kommt statt Mama mit in den Urlaub.

Gebot 2: Sämtliche Reiseunterlagen werden in zweifacher Ausfertigung ausgedruckt und in Klarsichtfolien gepackt.

Gebot 3: Vor der Reise wird eine Sehenswürdigkeiten-Checkliste erstellt.
Die Tickets für Museen und Attraktionen werden im Voraus gebucht. Und zweifach ausgedruckt und in Klarsichtfolien

gepackt. Ist die Sehenswürdigkeiten-Checkliste am Ende des Urlaubs nicht vollständig abgearbeitet, war der Urlaub nicht erfolgreich. Es ist daher vollkommen okay, in Rom in einer halben Stunde durchs Kolosseum zu fliegen, weil man am selben Tag noch die Spanische Treppe, den Trevi-Brunnen, das Forum Romanum, die Piazza Navona, das Pantheon und den Petersdom anschauen muss. »Thorben, stell dich nicht so an. Nimm dir ein Beispiel an den vielen Touristen aus Japan. Die schauen sich am Tag doppelt so viele Sehenswürdigkeiten an. Und hörst du einen von denen jammern?«

Gebot 4: Erfolgt die Anfahrt mit dem Auto, wird im Voraus ein Reiseplan erstellt. Mit vorgeplanten Pausenstopps.

Gerät der Zeitplan durcheinander, zum Beispiel durch Stau oder weil man noch einmal umkehren musste, weil »jemand« die sorgfältig in Klarsichtfolie verpackten, doppelt ausgedruckten Reiseunterlagen auf dem Tisch im Wohnzimmer hat liegen lassen, dürfen die vorgeplanten Pausenstopps geopfert werden.

Gebot 4.1: Erfolgt die Anreise mit dem Flugzeug, werden die gepackten Koffer vor Abflug zu Hause gewogen.

Das »Wiegen« erfolgt, indem Vadda den Koffer in die Hand nimmt, ihn drei- bis viermal kurz in die Höhe zieht und sagt: »Passt.« Eine halbe Stunde später werden die Koffer sicherheitshalber doch noch auf eine Waage gestellt. Anschließend müssen Rohrzange und Akkubohrschrauber (»Wenn was am Pool kaputt ist, hab ich das ruckzuck repariert.«) leider zu Hause bleiben.

Gebot 5: Der Kofferraum vor der Urlaubsreise wird vom Vadda gepackt. »Hättest du mich früher beim Tetriszocken gesehen, wüsstest du warum, Thorben.«

Ist der Kofferraum fertig gepackt, nimmt Vadda kurz die Vadda-Pose ein – Beine breit, Hände in die Seite gestemmt –, betrachtet sein Werk voller Stolz und sagt beim Schließen des Kofferraums: »So, Klappe zu, Affe tot.« Macht er das nicht, bringt das Unglück.

Gebot 6: Die Abfahrt erfolgt zwischen 4 und 5 Uhr morgens. »So kommen wir nicht wie alle anderen Idioten in den Stau. Ich bin ja nicht blöd.«

Gebot 7: Keine Pipipause in den ersten fünf Stunden nach Abfahrt von zu Hause.

Muss doch mal jemand dringend, ist ihm der Vorschlag zu unterbreiten, sein Geschäft in eine leere Flasche zu verrichten, die bestimmt irgendwo unter einem der Sitze liegt. Der Reiseplan ist heilig.

Gebot 8: Nach Ankunft im Hotel ist der an der Wand im Zimmer angebrachte Lageplan des Gebäudes zu checken. Sämtliche darauf abgebildeten Fluchtrouten sind auswendig zu lernen.

Gebot 9: Um 12 Uhr gibt's Mittag. Auch in Spanien, Griechenland, Italien oder Portugal.

Gebot 10: Ein Urlaub, in dem du nicht fünf Kilo zugenommen hast, ist kein Urlaub.

10 Dinge, ohne die Vadda nicht verreist

1. Zollstock
2. Sonnenbrille mit Flip-up-Gläsern
3. Sandalen
4. Weiße Socken
5. Dreiviertelhose. »In der ist es niemals zu warm und niemals zu kalt. Egal welches Wetter gerade ist.«
6. Eine Rolle Toilettenpapier. »Sicher ist sicher. Wer weiß, ob die Leute da überhaupt Toilettenpapier benutzen.«
7. Bauchtasche
8. Ein geheimer Geldbeutel
9. Fischerhut. Am besten mit Schnur
10. Sonnencreme mit Lichtschutzfaktor 100. »Mit der kannste dich in einen Backofen legen. Die ist wie Bauschaumkleber. Damit kannst du tapezieren.«

Väter und ihr Territorium
Artikel 9: »Schuhe aus!«

Wenn ein Vater nicht gerade im verdienten Urlaub, in der Arbeit beim Brötchenverdienen oder dabei ist, im Straßenverkehr Recht und Ordnung herbeizufluchen, dann ist er zu Hause. In seinem Revier. Um das muss er sich kümmern. Und es vor Eindringlingen verteidigen, die ihre Schuhe nicht ausziehen wollen.

Sprüche, die einen erwarten, wenn Väter einem die Tür zu ihrem Revier öffnen

»Wir kaufen nichts.«

»Freundchen, das ist 'ne Klingel und kein Schlagzeug.«

»Erst Zoll bezahlen. Jürgen, für dich macht das ein Bier. Und von dir, Sabine, krieg ich ein Küsschen.«

»Freunde? Von Thorben? Seit wann hat der Gesichtseintopf Freunde? Bekommt ihr Geld dafür?«

»Wer seid ihr denn? Ihr seht aus wie von den Zeugen Jehovas. Wollt ihr mit mir über Gott reden? Ich kann euch was über Gott erzählen. Wenn Gott gerecht wäre, würde es Bier statt Wasser vom Himmel regnen ... Ach, ihr wollt gar nicht über Gott reden? ... Zu Thorben wollt ihr? Freunde? ... Habt ihr ein Bier dabei? Hier muss man Zoll bezahlen.«

»Wer bist du denn? ... Was? ... Timo? ... Ach, du warst gestern schon hier? Ja, weiß ich, weiß ich. Brauchste mir nicht erzählen. ... Äh, Schuhe aus.«

»Wieso habt ihr alle eure Rechner dabei? ... Ihr wollt eine LAN-Party feiern? ... Seid ihr Elektriker, oder was? ... Ja, klar, zocken. ... Zehn Rechner und zehn Bildschirme. Wer soll denn den ganzen Strom bezahlen? ... Ich krieg von jedem von euch ein Euro fuffzich, vorher drückt hier keiner von euch aufs Knöpfchen. ... Und eins noch: Schuhe aus!«

»Lisa, aha ... Du willst zu wem? ... Zu Thorben? ... Hast du 'ne Wette verloren, oder was? ... Hast du nicht? Du bist eine Freundin von Thorben? ... Thorben, du Schwerenöter! Heute schon wieder die nächste Flamme am Start? ... Ne, kleiner Spaß ... Komm rein .... Äh, Schuhe aus, ne?«

»Lisa ... und du willst wohin? ... Zu Thorben willst du? ... Ach du Scheiße. ... Hey, Thorben, Lisa ist da. Fährst du schon wieder zweigleisig, oder was? ... Nein, war nur ein Spaß. ... Spaß muss sein, ne. ... Komm rein. ... Äh, Schuhe aus.«

»Lisa, du schon wieder ... Weiß der Thorben, dass du kommst? Ich glaub, es ist nämlich grad ein bisschen ungünstig ... der Thorben ist nicht allein ... Nein, war nur ein Spaß. ... Spaß muss sein, ne. ... Ja, komm rein. ... Äh, Schuhe aus.«

Wie seid ihr durchgekommen?

Wer den Vadda besucht, muss darüber Rechenschaft ablegen, wie er sich Vaddas Territorium genähert hat. So verlangt es der Dad-Code seit Jahrhunderten. Dieser Weg ist natürlich niemals der optimale:

»Wie seid ihr denn durchgekommen? ... Ahh, über die A6? Und dann die A3 hoch. Das kannst du eigentlich knicken. Wenn ihr zurückfahrt, könnt ihr über die A2 auf die A35, dann auf die B212 und dann über Germersheim die dritte Abfahrt und dann durch den zweiten Kreisverkehr links runter, B6 und dann Richtung Köln-Bonn. Und dann ist das die A5, dann bist du da auch drauf. Da ist es viel schneller ... Ich bin die Strecke früher täglich gefahren. Kannst mir vertrauen. Ich kenn mich da aus. Auf der Strecke bin ich mit jedem Leitpfosten per Du.«

Das Sofa – Mittelpunkt des Vadda-Universums

Kommt ein Vater nach Hause, führt ihn sein erster Weg zum Kühlschrank, um sich ein frisches Bier zu holen. Anschließend begibt er sich zu SEINEM Sofa, um sich von den Strapazen des Tages zu erholen. Setzt ein Vater sich auf SEIN Sofa, verbindet er diese Aktion stets mit einem zufriedenen Seufzer:»Ahhh«, ganz ähnlich dem Seufzer nach dem ersten Schluck Bier. Muss ein Vater von SEINEM Sofa aufstehen, zum Beispiel weil niemand der anderen Hausbewohner bereit ist, ihm ein frisches Bier aus dem Kühlschrank zu holen, verbindet er diese Aktion mit einem schmerzvollen Seufzer:»Oijoijoi«. Das Aufstehen darf mit einem Griff an den unteren Rücken verbunden werden, um den umstehenden Hausbewohnern noch deutlicher zu signalisieren, wie frevelhaft ihre Weigerung ist, sich an Vaters statt auf den Weg zum Kühlschrank zu machen. Da es SEIN Sofa ist, gibt es normalerweise ungeschriebene Vadda-Sofa-Regeln, die für jedermann gelten. Im Dad-Code werden sie zum ersten Mal niedergeschrieben:

Regel Nr. 1: Du sollst keine Kekse auf Vaddas Sofa essen, auf dass keine Krümel Vaddas behagliches Sitz- oder Liegegefühl stören.

Regel Nr. 2: Wecke niemals einen auf dem Sofa schlafenden Vadda. Du rauchst ja auch keine Zigaretten an der Tankstelle.

Regel Nr. 3: Vaddas Stammplatz auf dem Sofa ist heilig. Niemandes Hintern außer Vaddas ist würdig genug, diesen Platz einzunehmen.

Grüner wird's nicht: Vaters Rasen

Neben dem Sofa gehört der vom Vadda gepflegte Rasen im Garten oder im Vorgarten zu den wichtigsten Zufluchten in Vaters Territorium. Seinem Rasen widmet ein Vater fast so viel Zeit wie seinem Auto. Sobald ein Vater seinen oder einen anderen Rasen betritt, muss er sich bücken und mit der Handfläche drüberstreichen. Für viele andere Menschen mag dies eine beiläufige, ja unnütze Geste sein, doch ein Vater weiß danach, wie es dem Rasen geht. Er kann sagen, wie viel Sauerstoff die Wurzeln noch bekommen und ob der Rasen mal wieder vertikutiert werden muss. Er weiß, ob dem Rasen Kalium, Stickstoff oder Phosphor fehlen und es daher mal wieder Zeit für eine Düngung ist. Er erkennt Krankheiten wie den Schneeschimmel oder den Dollarspot. Und er spürt, ob Thorben gestern wirklich wie vereinbart – und notwendig – den Rasen zehn Minuten lang gesprengt hat und nicht nur fünf, weil er wieder schneller vor seinem Rechner beim Zocken hocken wollte. Beim Streichen über den Rasen weiß ein Vater auch, ob der Rasenmäher noch sauber arbeitet und wirklich die eingestellten acht Millimeter schneidet und nicht etwa neun oder sieben. Oder gar querbeet. Sein Rasen ist Vaters ganzer Stolz. Und wehe, einer sagt, dass der Rasen auf der anderen Seite des Zaunes aber grüner ist. Dann gibt's Zunder.

Verfolgt der Vadda das Tennisturnier in Wimbledon, ist er in der ersten Woche voller Bewunderung für die Arbeit der Greenkeeper, die er natürlich zu jeder Zeit übernehmen könnte. In der zweiten Wimbledon-Woche, wenn sich an den Grundlinien des Platzes sandfarbene Löcher gebildet haben, leidet der Vadda körperliche Schmerzen. So vergeht auch kein Fußballspiel, in dem der Vater nicht eine brillante Analyse zum Zustand des bespielten Rasens abliefert: »Was für ein Acker. Der Strafraum sieht ja aus wie eine Vulkanlandschaft.« Und auch beim Golf weiß der Vadda ganz genau, wie der Ball über das Grün läuft. »Den muss er viel schneller spielen. Das ist ein 4er-Schnitt, der macht den Ball langsam.«

Ein Vater merkt auch genau, ob jemand seinem Rasen den nötigen Respekt entgegenbringt und all die Arbeit und Mühe, die er in die Pflege gesteckt hat, anerkennt. Wer da einfach zur nächsten Sonnenliege latscht und sich hinlegt oder es sich auf einem der Stühle unterm Sonnenschirm mit seinem Bier bequem macht, läuft Gefahr, einen sehr ungemütlichen Tag oder Abend zu verleben.

Rasen-Sätze, mit denen man einen Vater gnädig stimmt

»6er- oder 8er-Schnitt?«

»Was für ein toller Rasen. Was ist dein Tipp gegen Rasenfilz?«

»Sieht aus, wie vom Profi gemacht. Da steckt bestimmt eine Menge Arbeit drin.«

»Wie viel Liter Wasser gibst du dem Rasen in so einer trockenen und heißen Woche wie dieser?«

Väter und Haustiere
Artikel 10: »Nee, so ein Vieh kommt mir nicht ins Haus.«

Je größer die Kinder eines Vaters werden, desto größer wird der Druck auf ihn, endlich ein Haustier anzuschaffen. Bettelten die Kinder in jungen Jahren noch im Halbjahresrhythmus, wird die Frage »Kann ich ein Haustier haben? Bitte! Bitte!« im Kindergartenalter bereits einmal im Monat gestellt. Im Grundschulalter ist der Wunsch, ein Haustier zu haben, in ein Dauerquengeln übergegangen. Diesem gibt ein Vater in genau jenem Moment nach, wenn es ihm unmöglich geworden ist, sein Feierabendbier auf dem Sofa in Ruhe zu genießen, weil vor ihm ständig ein niedliches Kind mit großen, traurigen und manchmal auch tränenbenetzten Augen steht. Zwar versucht der Vater noch standhaft, das Unheil abzuwenden und ringt seinem Kinde das Versprechen ab, dass es sich vollumfänglich selbst um das Tier, insbesondere um dessen Toilettenhygiene, kümmern muss, doch tief im Inneren weiß er: Das Versprechen, das er da gerade bekommen hat, war ein Versprecher. Denn seit Jahrhunderten wird in Abermillionen Familien das oberste Haustier-Gebot gelebt: Die Kinder wollen's. Der Vater kümmert sich.

Haustiere, mit denen ein Vater Spaß hat. Und die anderen.

Hund: Väter sind geborene Hundeflüsterer. Sosehr sie sich im Vorfeld auch gegen die Anschaffung eines Hundes gewehrt haben, ist der Hund da, wird das Tier mit der ganzen Liebe überschüttet, die ein Vaterherz geben kann. Und mit so einer Gassi-Runde kann ein Vater die heimliche Raseninspektion bei den Nachbarn sowieso besser tarnen. Und wenn Vadda dem auf dem Rücken liegenden Lumpi den Bauch krault, dann ist das besser als Sex. Zumindest besser als Sex mit Caro, Jasmine, Kerstin oder Ursula.

Papagei: Das einzige Haustier, mit dem ein Vater richtig Spaß haben kann. Bringt man einem Papagei so lustige Sprüche wie »Geiler Hintern« oder »Den Jürgen würgen« bei, machen die Grillabende mit Sabine und Jürgen gleich doppelt so viel Spaß.

Katze: Die Katze gehört definitiv zu den anderen Haustieren. Sie macht, was sie will. Sie schläft den ganzen Tag. Sie erbarmt sich vielleicht gerade mal so, zum Essen aufzustehen. Und wenn man Tiger-Lilly zufällig dabei erwischt, wie sie sich im Rahmen ihrer Körperhygiene selbst am Hintern leckt, reichen zwei Kästen bestes »Noice« nicht aus, um sich von diesem Trauma zu erholen. Das klappt erst nach dem dritten Kasten.

Hamster: Noch so ein anderes Haustier. Hamster haben dünne Knochen wie ein Grillhähnchen, nur ohne das ganze gute Fleisch dran. Würde Vadda Hamster Rudi einmal so streicheln, wie er Lumpi am Bauch krault ...

Meerschweinchen: Unter uns ... glaubt wirklich jemand, dass Meerschweinchen in der freien Wildbahn auch nur drei Stunden überleben würden? Würden diese Nagetiere nicht von kleinen Menschen, die sie unheimlich süß finden, beschützt, hätten Adler, Fuchs und der Ferienverkehr auf der A9 schon längst unwiderrufliche Fakten geschaffen.

Kaninchen: Im Grunde ein großes Meerschwein. Unvergessen, wie Thorben eines Tages freudestrahlend aus dem Garten gerannt kam und verkündete: »Schaut mal, ich hab im Stall von Hubsi ganz viele Lakritzbonbons gefunden.« Ich hätte ihn ja probieren lassen, aber Sabine, die mit Jürgen zum Grillen da war, meinte, das könne ich nun wirklich nicht bringen.

Schildkröte: Seit wann dürfen Tiere, die null flauschig sind, überhaupt Haustiere sein?

Fische: Nichts ist nerviger als ein Aquarium. Die Fische kacken die ganze Zeit ins Wasser. Das muss jemand – der Vadda natürlich – sauber machen. Kaufst du die falschen Fische, fressen die sich gegenseitig auf. Die Pflanzen brauchen Licht. Kriegen sie zu wenig, gehen sie ein. Und wie das Fischfutter riecht! Als hätte jemand Erbrochenes gefriergetrocknet.

Haustiere und ihre Namen

Wie Haustiere heißen dürfen:
Rocket
Horst
Susi
Jack Daniels
Lumpi
Buddy
Nacho
Bullet
Scout
Jürgen (schon allein, um immer irgendeinen Spruch raushauen zu können, wenn der Jürgen zu Besuch ist, und dann zu sagen: »Nee, Jürgen, du warst nicht gemeint. Ich meinte den anderen Jürgen. Den Hund. Der heißt doch auch Jürgen. Verstehste?«)

Wie Haustiere nicht heißen dürfen:
Simba
Mr Pinky
Prinz William
Sir Lanzelot
King Kong
Lady Gaga
Herr von Bödefeld
Kleiner Lord
Godzilla
Zalando

Väter, Partys und Musik
Artikel 11: »Keine Party ohne Bier. Aber Gin auf Wein passt auch noch rein.«

Thorben hat Jungen und Mädchen aus seiner Klasse eingeladen, um zu feiern? Zum Glück hat er mit dem Vadda einen erfahrenen Partyplaner an seiner Seite, der weiß, mit welchen Trink- und Partyspielen man die Stimmung auflockert, welche Getränke wann und wie ausgeschenkt werden sollten und welche Songs Frauenherzen zum Schmelzen bringen.

Die besten Trink- und Partyspiele

Flaschendrehen: Das Beste an diesem Spiel ist: Man braucht erst mal eine leere Flasche. Wie »Noice« ist das denn! Also Prost, und los geht's. Hat man eine Flasche leer, wird gedreht und der- oder diejenige, auf den oder die der Flaschenhals zeigt, muss eine Aufgabe erfüllen. Diese können zum Beispiel sein:

Den Vadda massieren.

Dem Vadda ein Bier holen.

Am Samstag Vaddas Auto waschen.

Ich glaube, das Prinzip ist verstanden. Flaschendrehen kann nicht nur mit Aufgaben gespielt werden. Kombiniert mit dem nächsten Klassiker »Wahrheit oder Pflicht« erfahren alle Partygäste spannende Dinge voneinander.

Wahrheit oder Pflicht: Bei diesem Spiel hat der oder die Auserwählte die Wahl. Wäscht er oder sie am Samstag Vaddas Auto, oder verrät er oder sie die Antwort auf eine persönliche Frage. Typische »Wahrheit-oder-Pflicht«-Fragen können sein:

Welche Fähigkeit bewunderst du am Vadda am meisten?

Wohin würdest du mit dem Vadda am liebsten auf ein Date gehen?

Mit welchem Superhelden würdest du den Vadda am ehesten vergleichen?

Ich glaube, das Prinzip ist verstanden.

Meiern: Dieses Spiel ist in manchen Regionen auch als »Mäxchen« bekannt. Ihr braucht zwei Würfel, einen Würfelbecher, und ihr müsst genauso gut lügen können wie Vadda, wenn er nach der Kneipentour mit Jürgen zu Hause gefragt wird, wie viel Bier er denn hatte und woher der Lippenstift an seinem Ohrläppchen kommt. (»Es waren nur drei Bier. Und das mit dem Lippenstift war eine Strafe, weil ich eine Wette mit Jürgen verloren habe. Eigentlich wollten die sogar auf meinen Bauch malen, aber dagegen habe ich mich gewehrt, und dann wurde es das Ohrläppchen.«) Beim Meiern muss man also gut schwindeln können, denn: Der Mitspieler würfelt, schaut verdeckt auf die Zahlen, die er gewürfelt hat, und nennt sie. Dabei steht die höhere Zahl immer an erster Stelle. Die sogenannten Paschs – also zwei gleiche Zahlen – schlagen alle anderen. Die 21 ist die höchstmögliche Zahl. Daraus ergibt sich folgendes Zahlen-Ranking: 31, 32, 41, 42, 43, 51, 52, 53, 54, 61, 62, 63, 64, 65, 11, 22, 33, 44, 55, 66, 21.

Nun muss der Mitspieler allerdings nicht die Wahrheit sagen, sondern kann eine höhere Zahl angeben als gewürfelt. Glaubt der Nebenspieler ihm, muss er die Zahl überbieten. Schafft er es nicht, muss er trinken. Glaubt er, dass sein Kontrahent gelogen hat, darf der Nebenspieler das sagen. Hat er recht, muss derjenige trinken, der gewürfelt hat. Waren die Zahlen doch richtig, muss der Nebenmann trinken. Viel Spaß.

Restetrinken: Ihr benötigt sechs angebrochene Flaschen und einen Cocktail-Messbecher. Mischt Schnaps, Likör, Bier, aber auch Fruchtsäfte, munter durcheinander. Jeder Flasche wird eine Zahl zugewiesen. Nun wird sechsmal gewürfelt. Aus den Zahlen, die gewürfelt werden, wird mit dem Messbecher mit jeweils 1 cl pro Zahl ein Drink gemischt.

Bier Pong: Becher auf jeder Seite des Tisches aufstellen. Becher befüllen. Mit Tischtennisbällen in die Becher zielen. Bei jedem Treffer wird der Becher geext. Bier Pong macht noch mehr Spaß, wenn alle nur mit links werfen dürfen. (Linkshänder entsprechend mit rechts.)

Polonäse: Von hinten an die Schultern.

Ententanz: Baa-baa-baa-baa-ba-ba-baaahh ... Baa-baa-baa-baa-ba-ba-baaahh ... Keiner darf die Party verlassen, bis die Choreografie zum legendären Ententanz hundertprozentig sitzt.

Songs erkennen: Wenn keiner mehr stehen kann, ist »Songs erkennen« das letzte Spiel, das noch geht. Sucht euch ein

Thema, zum Beispiel die Top 100 der Neunziger. Einer macht den DJ und spielt aus der Liste einen Song für zehn Sekunden an. Wer als Erstes den Songnamen und Interpreten nennen kann, bekommt zwei Punkte. Rät jemand falsch, bekommen alle anderen einen Punkt. Will keiner raten, spielt der DJ die nächsten zehn Sekunden des Songs an.

Vaddas Partygesetze

§ 1. Wer betrunken auf dem Sofa einschläft, wird angemalt.

§ 2. Wer das letzte Bier aus dem Kühlschrank holt, muss zur Tanke und neues besorgen.

§ 3. Wenn alle bereits zu betrunken sind, um noch heil zur Tanke zu kommen, rufen wir Jürgen an.

§ 4. Wer Vaddas Playlist verändert oder verfälscht, wird mit Freiheitsstrafe nicht unter 12 Monaten bestraft.

§ 5. Lisa darf nicht allein nach Hause, sondern muss von ihrer Mutter abgeholt werden.

§ 6. Wir reden nach der Party nie wieder darüber, was im Badezimmer, Schlafzimmer oder auf dem Balkon passiert ist.

Trinksprüche, mit denen ein Vater jede Party auflockert

Lass uns heute mal ...

... richtig schön die Rinne verzinken.

... achtarmig einen reinorgeln.

... die Laterne austreten.

... das Toupet wegföhnen.

... schön einen hinter die Rüstung römern.

... ein paar Null-Fünfer-Mantelgeschosse entschärfen.

... die Bibel wegbeten.

... den Kranplatz verdichten.

... ein paar Spaßgranaten in die Leber mörsern.

... die Weizen auf 5 drehen.

... ein paar Pilsetten verhaften.

... etwas Vollkornsprudel ins Feinkostgewölbe stellen.

... die Festplatte formatieren.

... einen in den Turban kneten.

... den Fluss begradigen.

... die Batterie abklemmen.

... einen hinter die Schrankwand zimmern.

... einfach mal die Leber baumeln lassen.

... Hopfen und Malz wiederfinden.

... die Eule vom Ast kegeln.

... die Notbeleuchtung anmachen.

... den Maschinenraum fluten.

... ordentlich den Helm lackieren.

... die Zündkerzen rausdrehen.

... den Kompressor entlüften.

... das Dach abdecken.

... das Wellblech glätten.

Songs, bei denen Väter den Dancefloor jeder Party zum Brennen bringen

Väter haben Musik und Rhythmus im Blut. Kommt auch noch Bier dazu, wird's schnell geschmeidig, und es dauert nicht lange, bis der Dancefloor in Flammen steht. Vor allem bei diesen Songs:

»Eye of the Tiger« von Survivor
»Highway to Hell« von AC/DC
»I Was Made For Lovin' You« von Kiss
»Ich will Spaß« von Markus
»So ein schöner Tag« von Tim Toupet
»Geh mal Bier hol'n« von Mickie Krause
»Allez Allez Allez« von Jamie Webster
»Bad« von Michael Jackson
»Viva Colonia« von Die Höhner

Songs, bei denen Väter zum DJ gehen und ihm erklären, wie er seinen Job besser machen kann

Es gibt Songs und Musiker, die der Tod einer jeden guten Party sind. Zuckten eben noch die Leiber ekstatisch im Rhythmus der Noten, verwandelt sich mit ihnen die Tanzfläche in eine leere Wüste. Sollte sich einer der folgenden Songs oder Musiker in die Party-Playliste verirrt haben, musst du als Vater unverzüglich eingreifen:

Alles von Elton John.

Alles von Marylin Manson.

Das Geheule von Céline Dion. Wie soll ein Mensch das ertragen?

Bei den Liedern von Ed Sheeran.

Wenn plötzlich Justin Bieber »singt«.
Die Milchbubi-Musik von BTS.

Songs, mit denen du als Vater jede Party beenden kannst

Irgendwann muss auch mal Schluss sein. Ein Vater braucht schließlich seinen Schönheitsschlaf. Wenn die jungen Leute mal wieder kein Ende finden, kannst du mit diesen Songs oder Musikern dem Spuk ein Ende bereiten:

»Angels« von Robbie Williams

»Final Countdown« von Europe

Alles von DJ BoBo

Smooth Jazz

Metalcore von As I Lay Dying

»Schlaflied« von Die Ärzte

»Tatü, tata« von Die Polizei (Jürgen anrufen und ihm Bescheid sagen, dass er die Polizei wegen nächtlicher Ruhestörung rufen soll.)

Songs, bei denen selbst ein Gesichtseintopf wie Thorben eine Chance hat, dass ein Mädchen schwach wird

»I Will Always Love You« von Whitney Houston

»Reality« von Richard Anderson

»Zehn nackte Friseusen« von Mickie Krause

Väter und Freizeit
Artikel 12: »Je dicker der Bademeister, desto besser die Pommes.«

Wenn ein Vater nicht gerade arbeitet, sich auf dem Sofa von seiner Arbeit erholt, im Haus heimwerkt, grillt, Bier trinkt oder Thorben dabei hilft, dass seine Partys nicht zum Schnarchen sind, wenn der Vater also mal wirklich nichts zu tun hat, dann hat er frei und wird unternehmungslustig und möchte Ausflüge machen ... ins Schwimmbad oder an den See fahren, in die Natur zum Wandern gehen oder eine Tour mit dem Fahrrad unternehmen. Das wird ein Spaß.

Väter im Schwimmbad (oder am See)

Wichtigstes Kriterium, um einen schönen Tag im Schwimmbad oder am See zu verbringen, ist die Platzwahl. Nicht zu nah am Becken oder am Ufer, sonst rennen die ganze Zeit Leute auf dem Weg ins Wasser an deiner Liege oder an deinem Handtuch vorbei. Der Kiosk, wo es Bier-Nachschub und Pommes gibt, sollte sich dagegen nicht zu weit entfernt von deiner Lagerstatt befinden. Die Wiese, wo die Jungs Fußball spielen, darf gerne weiter weg sein, sonst verbringst du den Tag damit, den Kerlen den Ball alle zwei Minuten zurückzuwerfen. Der Beachvolleyball-Platz, wo Bikini-Schönheiten sich in den Sand werfen, darf dagegen gerne etwas näher gelegen sein. Ist der richtige Platz gefunden, ist es wichtig, das Revier zu markieren. Der Vadda-Trick: Pack immer zwei Badetücher mehr ein, als du eigentlich brauchst. So kannst du zwei Liegen mehr reservieren oder im Schwimmbad dafür sorgen, dass die Nachbarn auf Abstand bleiben.

10 Dinge, die Väter im Schwimmbad (oder am See) gerne tun

1. Die Pommes auschecken.
2. Die Teenager-Mütter ohne männliche Begleitung auschecken.
3. Thorben mit dem Spruch »Schau mal, da kommt Lisa« ablenken und ihm die Hälfte seiner Pommes klauen.
4. Thorben erklären, dass er mit der Cola im Bauch, die er gerade getrunken hat, im Wasser untergehen wird wie ein Stein.
5. Thorben jedes Mal, wenn er ins Wasser geht, hinterherrufen: »Aber schwimm nicht so weit raus.«
6. Die Temperatur des Wassers mit dem Fuß oder mit der Hand prüfen, bevor der Vadda selbst hineingeht.
7. Mit einem Bier im kniehohen Wasser wie der Fels in der Brandung stehen (im Schwimmbad ist das Kleinkinder-Becken hierfür der richtige Ort) und das Treiben um sich herum beobachten.
8. Mit einer Sonnencreme über die Wiese schlendern und schönen Frauen anbieten, dass der Vadda ihnen mal so richtig den Rücken eincremt.
9. Einen eleganten Kopfsprung ins Wasser machen.
10. Thorben Pommes-Verbot erteilen, weil er behauptet hat, dass der elegante Kopfsprung ein fieser Bauchklatscher gewesen sei und noch dazu hämisch gelacht hat.

Väter in der Natur

Wenn die Sonne am blauen Himmel lacht, holt ein Vater Rucksack und Wanderschuhe aus dem Schrank, und es geht raus in die Natur. Oder wie der Vater sagt: »In die Wildnis«. Dort draußen ist der Vater eins mit den Elementen. Er kennt jeden Baum und jeden Strauch. Die Schleichwege und Abkürzungen. Unter dem Motto »Gut geschnürt ist halb gewandert« macht sich die Wandergruppe vor Sonnenaufgang um 5 Uhr in der Früh auf den beschwerlichen Weg. Doch Jammern gilt nicht. Und wenn den anderen die Kräfte ausgehen, baut ein Vater die Truppe mit seinen inspirierenden Erzählungen wieder auf:

»Leute, seid ihr etwa schon aus der Puste? Das war doch erst die Warmlaufstrecke. Mein Schulweg früher war schlimmer als jeder Wanderweg. Das macht dich fit. 20 km mit 30 kg Gepäck auf dem Rücken haben wir locker gemacht. Egal wie steil der Weg war. Denn wo's bergauf geht, da geht's irgendwann auch wieder runter.«

Bei all den Anstrengungen und Strapazen verliert ein Vater niemals den Blick für die Natur und das Wetter. »Da hinten zieht was auf. Ich glaub, ich habe sogar schon einen Tropfen abgekriegt. Jajaja, da kommt gleich richtig was runter. Aber das ist auch nötig. Schaut mal, die Blätter hier. Seht ihr? Die werden schon gelb. Die Natur braucht das. Sonst wächst hier gar nichts mehr.«

Und wenn einen Wolkenbruch und drei »Abkürzungen« später (»Jetzt ist hier eine Abbiegung, die nicht auf der Karte ist. Wir können also hier lang oder da lang.«) die Stimmung vollends zu kippen droht, dann mobilisiert ein Vater die letzten Reserven: »Los, Thorben, komm jetzt. Jetzt legen wir mal einen Zahn zu. Es ist nicht verboten, dass es auch mal schneller geht.

Und nein, wir haben uns nicht verlaufen. Dass du wie El Blindo durch den Wald eiern wirst, war mir ja heute Morgen schon klar. Schau, da wächst das Moos am Baum, also ist da Osten. Ich kenn mich aus. Ich habe keine Ahnung, wie lange es noch regnen wird. Ist doch egal. Du bist ja nicht aus Zucker, oder? Ich sag ja immer, es gibt kein schlechtes Wetter. Es gibt nur schlechte Kleidung.« Pausen? Die braucht ein Vater eigentlich nicht. Denn wer rastet, der rostet. Also wird bis zum bitteren Ende Hackengas gegeben. Denn der Weg ist das Ziel. Und wenn nach entbehrungsreichen Stunden alle ihre geschundenen Körper endlich wieder nach Hause geschleppt haben, klopft ein Vater allen noch einmal freundschaftlich auf die Schulter und verkündet stolz: »Na, der Alte hat's noch ganz schön drauf, was!?« Anschließend begibt er sich in sein Sauerstoffzelt und macht einen zehnstündigen Power Nap.

Auf dem Fahrradausflug

Bevor ein Vater aufs Fahrrad steigt, zwängt er sich in ein hautenges Radtrikot, mit dem er seinen CW-Wert vom Niveau eines VW Multivan auf den eines Lamborghini Murciélago VT bringt. Noch kurz die Kette geölt und die Reifen aufgepumpt, und ab geht die wilde Fahrt. Dass nach zwei Kilometern das Rasseln in der Lunge des Vaters klingt, als würden zwei Gladiatoren mit Eisenketten gegeneinander kämpfen, ist normal. Schließlich führt die Tour über Radwege wie im Krieg. Thorben im Anstieg zu erklären, dass Schalten kein Geheimnis ist, dafür reicht Vaters Luft noch. Überhaupt kennt ein Vater keine Gnade mit der Wade. Geht es endlich einmal bergab, lässt der Vater es rollen. Denn wer später bremst, ist länger schnell. Ungemütlich wird es nur, wenn der fahrradfahrende Vater auf Autofahrer trifft. Wenn der Puls nicht schon längst bei 180 wäre ... er wäre es spätestens hier. Mit der Klingel am Anschlag macht der Vater jedoch unmissverständlich klar, wer hier die Vorfahrt hat. Entgegenkommende Radfahrer grüßt der Vater wie alte Bekannte. Und ist der Reifen nach einer Weile platt, hat der Vater zum Glück genügend Luftpumpen dabei. »Die eine hat zwei Beine und heißt Thorben.« Springt ihm die Kette einmal ab, greift der Vater souverän zum Sechserschlüssel. Wenn er denn sein Werkzeug eingepackt hat. Wenn nicht, geht es eben zu Fuß weiter. Denn wer sein Fahrrad liebt, der schiebt es auch.

Väter und Kleidung
Artikel 13: »Schöner wird's nicht.«

Modetrends? Sind dem Vater Jacke wie Hose. In Sachen Style macht einem Vater niemand so schnell etwas vor. Wie kein Zweiter versteht es ein Vater, zeitlose Eleganz mit den praktischen Notwendigkeiten des Alltags zu verbinden. Sandalen, weiße Socken, Dreiviertel-Cargohose mit ausgebeulter Portemonnaietasche am Hintern, kariertes Hemd mit Stift in der Brusttasche – das Hemd selbstverständlich in die Hose gesteckt –, fertig ist der Vater-Basislook. Der wird aufgepeppt mit den wichtigsten Vadda-Accessoires. Sein Schlüsselbund trägt der Vater zum Beispiel an der Gürtelschlaufe, sodass er es nie verlieren kann. Braucht er es, sorgt eine ausziehbare Zugkette dafür, dass Vadda jedes Schloss im Handumdrehen erreicht, ohne das Schlüsselbund abknipsen zu müssen. Sein Schlüsselbund ist mindestens faustgroß. Dennoch findet Vater jeden Schlüssel binnen Sekunden. Besitzt der Vater einen BMW, einen Audi oder einen Porsche, ziert ein übergroßes Herstellerlogo seinen Autoschlüssel. Fährt er Dacia oder Škoda, ist der Autoschlüssel dagegen einer von vielen. Weitere unverzichtbare Fashion-Komponente neben seinem Schlüsselbund ist für den Vater die Lesebrille, die er so dringend braucht, um die Angebotskataloge aus dem Supermarkt nach den besten Schnäppchen zu durchforsten. Vaters Geld wächst schließlich nicht auf den Bäumen. Die Lesebrille trägt der Vater am Band, damit auch sie nicht verloren gehen kann. Daran, dass sich die Menschen ständig nach ihm umdrehen und bei seinem Anblick erstaunt die Augenbrauen hochziehen, hat sich der Vater gewöhnt. Es kann ja nicht jeder so gut aussehen wie er. Einmal Fashion-Ikone, immer Fashion-Ikone.

Vaddas Fashion-Gebote

Gebot 1: Eine gute Hose muss mindestens sieben Taschen haben.
Gebot 2: Hosen haben einen Reißverschluss.
Gebot 3: Beige ist eine Farbe, die jedem steht.
Gebot 4: Mauve ist keine Farbe.
Gebot 5: Mit den Kleidungsstücken der Marken Brax, Camel, Walbusch, Engelbert Strauß oder Jack Wolfskin kann ein Vater nichts falsch machen.
Gebot 6: In Sandalen von Rieker oder Birkenstock fühlen sich Vaddas Füße wohl. Egal wie schwer sie tragen und wie weit sie laufen müssen.
Gebot 7: Ebenso wie in einem New-Balance-Sneaker.
Gebot 8: Es ist egal, ob du ein Langarm- oder Kurzarmhemd trägst. Hauptsache, es ist kariert und hat eine Brusttasche, in die du einen Stift oder eine kleine Taschenlampe stecken kannst.
Gebot 9: Nie ohne deine Bauchtasche.
Gebot 10: »Thorben, du musst das T-Shirt ausziehen, bevor du es bügelst.«

Was bestimmte Kleidungsstücke über deinen Charakter verraten

Anzug: Wird vom Vadda nur zur Hochzeit oder zur Beerdigung getragen. Sonst nicht. Wenn ich gewollt hätte, dass ich den ganzen Tag im Anzug rumlaufe, hätte ich BWL studiert. Oder wäre Bankkaufmann geworden. Oder Bestatter.

Budapester: Eine Budapesterin wäre mir ja lieber ... Ach was, das sind Schuhe? Die sehen aber nicht wirklich bequem aus. Viel zu hoher Schnöselfaktor.

Krawatte: Wieso legt sich jemand freiwillig eine solche Halsfessel mit Würgeknoten an? Da spürt man doch bei jedem Schluck Bier, wie der Schildknorpel im Hals unangenehm gegen die Stoffnudel drückt. Braucht kein Mensch.

Bandana: Der Look der Stars? Ich glaube, es hackt. Das ist der Look von Gehirnamputierten, die aus einem übergroßen Taschentuch ein Fashion-Statement machen wollen.

Sandale: Du hast Geschmack und gehst konsequent deinen eigenen Weg. Egal was alle anderen sagen.

Weiße Socken: Du hast Geschmack und gehst konsequent deinen eigenen Weg. Egal, was alle anderen sagen.

Kariertes Hemd: Willkommen in der Bruder-... äh Vaterschaft.

Kleidungsstücke, die du deinem Kind nicht kaufen darfst, weil es sonst auf dem Schulhof verkloppt wird

Sandalen

Dreiviertelhosen

Band-Shirts von Metallica

Shirts mit »Bier formte diesen schönen Körper«-Print

Hosen mit Bundfalte

alles mit niedlichen Tiermustern

Shirts oder Hosen im Batik-Look

gestreifte Klamotten (sehen immer nach Knast aus)

die von Oma gestrickten Pullover (sind zwar nicht gekauft, verkloppt werden deine Kinder dafür trotzdem)

Väter und Krankheiten
Artikel 14: »Schatz, ich glaube, es ist Zeit, den Notarzt zu rufen.«

Kinder sind wundervoll. Sie geben einem so viel zurück. Viren und Bakterien, die sie im Kindergarten oder in der Schule auflesen. (Die Bitterstoffe in Bier wirken übrigens antibakteriell. Falls du es noch nicht wusstest.) Ist das Immunsystem des Vaters von seiner vielen Arbeit oder der Sauftour mit Jürgen neulich etwas geschwächt, ist Gefahr im Verzug. Denn wird der Vater einmal krank, erwischt es ihn richtig.

Sätze, die darauf schließen lassen, dass es dem Vadda nicht gut geht

»Irgendwie schmeckt mir das Bier heute nicht.«

»Sportschau gucken? Nee, lass mal. Du kannst anmachen, was du willst.«

»Mir ist so kalt.« (Während der Vater am Grill steht.)

»Möchte jemand die letzte Wurst haben? Ich bin schon satt.«

»Ich hätte jetzt Lust auf einen Tee.«

»Könnte mal bitte jemand meine Stirn fühlen? Ich glaube, die ist ganz warm.«

Typische Vater-Krankheiten

Cenosillicaphobia: Die Angst vor einem leeren (Bier-)Glas.[3]

Müdigkeit: Als Vater bist du immer müde. Außer, wenn du schläfst.

Blutdruck: Kriegt der Vater immer, wenn er sich aufregt.

Technikschwäche: Sobald es 50 Prozent im Media Markt gibt, kann Vater nicht widerstehen.

Geschirrspüler-Ausräum-Amnesie: Was? Der ist schon fertig?

All-you-can-eat-Syndrom: »Isst du das noch, Sabine? ... Nein? ... Dann gib mal her.«

Autowaschzwang: Samstags ist Autowaschtag. »Ich seh, dass es regnet, aber seit wann ist im Regen auch Politur drin?«

Shopping-Allergie: Bricht vorwiegend an Samstagen aus.

Grillitis: Bricht bei Sonderangeboten beim Metzger aus.

---

[3]   Diese Krankheit existiert wirklich.

Tanzwut: Bricht aus, wenn im Radio die größten Hits der Achtziger und Neunziger gespielt werden.

Platzangst: Bricht jedes Mal nach dem Grillabend mit Jürgen aus oder folgt häufig dem -> All-you-can-eat-Syndrom.

Hochzeitstags-Blackout: »Welcher Tag heute ist, Schatz? Ich würde sagen, Dienstag, oder?«

Socken-Fallsucht: Die Unfähigkeit, Socken von der Stelle zu bewegen, an der sie ausgezogen werden.

Bierbauch: »Das ist kein Bierbauch. Das ist ein Feinkostgewölbe.«

Profi-Neurose: »Lass mich da mal ran. Ich kenn mich aus.«

Väter und Vorsorge
Artikel 15: »Die Würde eines Mannes ist unten tastbar.«

Der Vater, der wird nicht schlecht. Der Vater wird immer besser. Aber er wird eben auch nicht jünger. Und muss auf sich aufpassen. Je älter ein Vater wird, desto wichtiger werden für den Vater daher Vorsorgeuntersuchungen. Leider hat man beim Urologen sogar noch weniger Spaß als beim Grillen von Gemüse. Aber es hilft ja nichts. Was muss, das muss. Und nach dem Vater-TÜV ist bekanntlich vor dem Vater-Tuning.

Der Vater-TÜV – welche Wehwehchen wirklich schlimm sind

Erektionsstörung: Ehrlich? Ein Segen! Stell dir vor, du würdest noch so einen wie Thorben in die Welt schießen. Also einfach Schwamm drüber, und das Ganze aussitzen.

Wechseljahre und Midlife-Crisis: Warum, bitte schön, nennt man es Krise, wenn ein Mann mit einem schicken Motorrad durch die Gegend fährt und mit jungen Frauen rummacht?

Verlust oder Einschränkung des Gehörs: Ist doch prima, wenn du nicht mehr ständig in Thorbens Zimmer laufen musst, um ihm zu erklären, dass er gefälligst die Mucke ein bisschen leiser stellen soll. Und was er da wieder für komische Leute hört. The Weekend. Kein Wunder, dass Thorben so faul ist. Der denkt, dass man mit Wochenende wirklich Geld verdienen kann. Und was die Lisa dem Jungen immer für komische Anweisungen gibt ... Nee, da bin ich froh, wenn ich das nicht mehr mitkriege und meine Ruhe habe.

Alterssichtigkeit: Wenn mit fortschreitendem Alter alles in einem Umkreis von zwei Metern um dich herum unscharf wird, musst du dir auch die Frauen nicht mehr schöntrinken. Es reicht, sich nah genug an sie heranzusetzen. Dass das Schöntrinken wegfällt, ist übrigens auch gut, um keine → Fettleber zu bekommen.

Fettleber: Gilt in Frankreich bei Gänsen als Delikatesse. So schlimm kann das also nicht sein. Ich sag ja nur.

Knochenschwund: Vor allem dunkles Bier mit hohem Siliziumgehalt trägt dazu bei, dass die Knochendichte und sogar die Verbindung zwischen Muskeln und Knochen wieder zunehmen. Wenn das nicht »Noice« ist, was dann? Da sage noch mal einer, dass Männer das Thema Vorsorge nicht ernst nehmen.

Das Vater-Tuning

Der Vater kennt seinen Körper und weiß, woran er schrauben und tunen muss, um auch im fortgeschrittenen Alter anerkennende Blicke auf sich zu ziehen.

Die Karosserie: Wenn die Haare langsam grau werden, hat der Vater zwei Möglichkeiten. Er steht zum neuen Chromfelgen-Look, oder es kommt einfach eine neue Farbe auf die Karosserie. Wichtig ist nur, dass der Lack nicht ganz abblättert. Denn der Riesenpimmel-Look, der mit einer Glatze einhergeht, steht den wenigsten Männern. Da kannst du die Birne polieren, wie du willst.

Das Fahrwerk: Tja, im fortgeschrittenen Alter legt sich das Fahrwerk eines Vaters leider automatisch tiefer. Was beim Auto auf der Straße lässig und cool daherkommt, führt in Vaddas Bett zu einer Vollbremsung. Da hilft nur das Aufbocken mit den gängigen pharmazeutischen Präparaten, mit denen ein Vater für Stunden wieder Vollgas geben kann.

Der Motor: Gerät der Motor mit der Zeit aus dem Takt, kann ein Vater mittels mechanischen und elektrischen Tunings dem Verschleiß entgegenwirken. Er dreht an der Ernährungsschraube. Gönnt sich einen Herzschrittmacher. Stellt beim Bier das Drehmoment von 6,5 auf 3,9. Schon pumpt der Motor wieder flüssig im 80-Schläge-pro-Minuten-Takt.

Der Innenraum: Ist die Innenausstattung in die Jahre gekommen, kann ein Vater den Wagen mit Ballaststoffen wieder neu aufpolieren. Für schöne Tuningeffekte sorgen die Sportsitze im Gym. Und durch intensives Krafttraining werden die Zierleisten – Muskelstränge – im Inneren des Wagens neu aufgesetzt.

Das Audio-Setting: Lässt der Sound zu wünschen übrig, wird es Zeit für ein technisches Upgrade: das Hörgerät. Die richtig guten Geräte funktionieren dabei wie ein Richtmikrofon, mit dem ein Vater sogar hören kann, wie Thorben gegenüber Lisa über Vaters neue Gebrechlichkeit lästert. Tja, Pech gehabt. Da der Vadda noch aus seiner Jugend weiß, wie man Kondome mit Chili-Pulver manipuliert, wird Thorbens nächster Schuss garantiert nach hinten losgehen. Und die Schreie, die der Vadda dann mit seinem neuen Hörgerät in Dolby-Digital-Qualität genießt, die sind Musik in seinen Ohren.

Väter und Erziehung
Artikel 16: »Hört sofort auf, Kinder. Oder ich sag's der Mama!«

Zu deinen wichtigsten Aufgaben als Vater gehört es, gegenüber deinen Kindern eine natürliche Autorität zu entwickeln. Wenn daher irgendwas zu Hause schiefläuft, ist es vollkommen in Ordnung, ihnen zu drohen, sie unverzüglich bei ihrer Mutter zu verpetzen. Kinder schauen zu ihren Vätern auf. Was vor allem daran liegt, dass sie bei ihrer Geburt gerade mal einen halben Meter lang sind und dann 16 oder 17 Jahre brauchen, um über ein Meter siebzig zu kommen. Sie schauen allerdings auch zu dir auf, weil du DINGE kannst. Erstaunliche DINGE.

11 DINGE, die nur Väter können und für die Kinder sie unendlich bewundern

1. Väter können Haare aus der Nase wachsen lassen.
2. Väter können Haare auf den Zehen haben.
3. Väter können den Weg finden, ohne jemanden danach zu fragen.
4. Väter schaffen die Strecke von Hannover an den Gardasee mit dem Auto in einem Rutsch in unter zehn Stunden.
5. Väter können Bratwürste so grillen, dass sie außen knusprig und innen durch sind.
6. Väter verbieten niemals die Veredelung eines Essens mit Ketchup. (Es sei denn, Mama sitzt mit am Tisch.)

7. Wenn der Kleiderschrank der Kinder vollkommen leer ist, finden Väter binnen Sekunden im Wäschekorb genau die drei Anziehsachen, die gar nicht soooo schmutzig sind und die man locker noch einmal anziehen kann.
8. Väter können mit ihren Achseln Furzgeräusche machen.
9. Väter können durch Pusten und Handauflegen Schmerzen heilen, wenn Kinder sich irgendwo angestoßen haben.
10. Väter können schnarchen.
11. Väter können 50 verschiedene Flüche und Schimpfwörter aufsagen, bevor sie das richtige Ergebnis der Mathematik-Hausaufgaben raushaben.

Wenn Kinder Instrumente lernen wollen

Sollte dein Kind eines Tages den Wunsch äußern, ein Instrument zu lernen, ist das nicht weiter schlimm. Es sei denn, es handelt sich um eines der folgenden Instrumente:
• Geige
• Querflöte
• Klarinette
• Dudelsack

Erlaubt sind dagegen die folgenden Instrumente:
• Bass

Sollte dein Kind um eine Erklärung bitten, warum das so ist: »Du kannst jetzt zehn Jahre lang Geige[4] lernen und es klingt immer noch genauso, als würde man einer Katze auf den Schwanz tre-

---

4   Querflöte/Klarinette/Dudelsack

ten[5]. Die Nachbarn hassen dich. Und mich. Und ich hasse es auch. Und das alles nur, damit du vielleicht eines Tages in einem Orchester vor lauter Spießern im Anzug auftreten kannst. Lernst du dagegen Bass, brauchst du nur ein bisschen an den Saiten zu zupfen, alle Menschen lieben deinen coolen Groove, und du kannst später in irgendwelchen abgefahrenen Jazzklubs abhängen und nach jedem Konzert mit einer anderen nach Hause gehen.«

Grenzen setzen: Vaddas Warnstufen

Es ist wichtig, dass ein Vater seinen Kindern Grenzen aufzeigt. Bis hierher und nicht weiter. Es gibt insgesamt fünf Warnstufen.

Ankündigung:
Hör auf zu singen, Thorben.

Warnstufe 1: Vadda ist leicht genervt.
Sag mal, hast du zu lange am Lack geschnüffelt?

Warnstufe 2: Vadda ist definitiv genervt und er sollte unverzüglich in Ruhe gelassen werden.
Ganz, ganz dünnes Eis gerade.

Warnstufe 3: Die Lage wird ernst.
Thorben, du kommst ins Internat. Da kommst du hin, Junge.

---

5   kleine süße Küken zu Tode drücken / es klingt, wie Blutwurst schmeckt / als würde man mit einem Luftballon Furzgeräusche machen

Warnstufe 4: Die Lage ist ernst.
Thorben, da hast du aber eben gerade gewaltig am Ohrfeigenbaum gerüttelt. Jetzt zeige ich dir mal, wie man beim Skat einen Grand ohne Buben spielt.

Warnstufe 5: Code Dad. (Es ist nichts mehr zu retten.)

Strafe muss sein!

Laut bis drei zählen löst 90 Prozent aller Erziehungsprobleme. Zumindest in den ersten sechs bis acht Lebensjahren deines Kindes. Die restlichen 10 Prozent lassen sich am besten in Bier auflösen. Ist dein Kind jedoch alt genug, ist neben seinem Körper auch seine Neugier gewachsen. Es wird dich daher challengen und ohne Skrupel bis 3 zählen lassen, um herauszufinden, was nach der Drei passiert. Solltest du keine passende Strafe parat haben, ist deine Autorität für den Rest deines Lebens untergraben.

Hausarrest: Eigentlich eine gute Strafe. Ohne großen Aufwand umzusetzen. Klar definiert. Das Problem: Dein Kind ist die ganze Zeit zu Hause. Auch am Wochenende. Und langweilt sich. Und will was spielen. Mit dir. Im Grunde genommen bestrafst du dich mit Hausarrest mehr als dein Kind.

Sozialstunden in einem Verein, in dem lauter alte Leute sitzen. Irgendwas mit Trachten oder Musik. Das bleibt hängen.

Handyverbot: Vom Schmerzpunkt her betrachtet eine sehr gute Strafe. Das ausgeprägte Suchtverhalten führt durch den ausbleibenden Dopaminkick bei deinem Kind oder deinen Kindern allerdings zu sofortigen Entzugserscheinungen, für die man früher einen Exorzisten ins Haus geholt hat.

Taschengeld kürzen: Im Grunde eine klasse Strafe, da sie deinen Geldbeutel schont und du beim nächsten Mal beim Bierchen am Kiosk praktisch auf Thorbens Kosten anstoßen kannst. Allerdings kann es passieren, dass die Wirkung bei so genügsamen Nacktschnecken wie Thorben, die den ganzen Tag eh nur mit Zocken verbringen und kein Geld für Partys und Frauen brauchen, gen null tendiert.

Rasenmähen: Der Vorteil: Du musst es nicht machen, sondern kannst auf dem Sofa Leichtathletik gucken. Der Nachteil: Thorben macht es. Und der kriegt die Sache mit dem 8er-Schnitt doch niemals hin. Und bei den Ecken schlampt er auch immer herum, die alte Hackfresse.

Wenn das Bis-drei-Zählen nicht mehr funktioniert und du alle anderen Strafen durchhast, ist die Zeit für dich gekommen, um in ein Disney+-Abo zu investieren. Die unmittelbar einsetzende Seriensucht deines Kindes und deine Möglichkeit, das Abo einzuschränken, ist dein letztes Faustpfand, um überhaupt noch eine Erziehungsmaßnahme durchzusetzen.

Motivationssprüche für Väter

Kinder sind notorisch faul und lustlos. Etwa 50 Prozent des Vadda-Lebens besteht darin, seine Kinder zu motivieren, doch einmal etwas zu unternehmen, damit sie nicht eines Tages mit dem Sofa, ihrem Smartphone oder der Spielekonsole zusammenwachsen. Am besten geht das mit den richtigen Sprüchen, mit denen jeder Vadda wirklich das Letzte aus seinem Nachwuchs herausholt.

Motivation beim Heimwerken

»Thorben, die Säge! Kommt die mal bald? Mensch, Holz ist nicht wie du. Holz arbeitet.«

»Thorben, wenn in einer Minute der Sechskant nicht da ist, dann ist heute Abend Fasching.«

Motivation bei der Gartenarbeit

»Jajaja, da war der Papa mal wieder ordentlich am Spritzen.«

»Das macht sich wie von selbst, sag ich dir. Ich habe Erfahrung mit über 40 Jahren.«

»So was lernst du nicht in der Schule.«

»Hol mal ein Bier! Gartenarbeit ohne Bier ist keine Gartenarbeit.«

Motivation beim Wandern

»Wenn du noch langsamer läufst, ist dir ein Bart gewachsen, wenn wir wieder zu Hause sind!«

»Thorben, läufst du über Bremen, oder was?«

»Thorben, komm in Quark jetzt.«

»Wo kein Schnee liegt, kann gerannt werden, Kollege.«

»Thorben, das Problem ist, du hast einen Orientierungssinn von 'ner Sanduhr. Du würdest dich sogar in einem Fahrstuhl verlaufen.«

Motivation beim Essen

»Du solltest nicht mehr so viel Schokolade essen, so wie du aussiehst. Wenn du so weitermachst, siehst du in fünf Jahren aus wie die Mama.«

Motivation, mal wieder rauszugehen

»Mensch, Thorben, den ganzen Tag hockst du schon wieder nur vor dem Rechner. Weißt du eigentlich, was morgen auf deinem Grabstein stehen wird, wenn du so weitermachst? Für immer offline.«

Motivation für die Schule

»Mensch, Thorben, jetzt streng dich doch mal ein bisschen an. Sonst ist das letzte Mal, dass du groß rausgekommen bist, bei deiner Geburt gewesen.«

»Als Gott das Hirn verteilt hat, warst du gerade Gassi gehen, was, Thorben?«

»Du bist so ambitioniert wie ein Teller rote Linsen.«

Motivation beim Kochen

»Mensch, Thorben, bist du wieder ins Badezimmer gelaufen, um Spiegeleier zu machen ... Das Einzige, was du kannst, ist Brot mit Butter beschmieren.«

»Komm, geh mal das Bier kalt stellen. Ist ja auch irgendwie eine Art zu kochen.«

Motivation beim Vater-Sohn-Gespräch

»Ja, Thorben, komm her, wenn du was willst. Ich stehe heute nicht mehr auf. Ja, komm ran jetzt und mach Meter.«

»Jetzt hetz mich nicht, Thorben. Eile mit Weile. Das dauert halt noch ein bisschen.«

Motivation beim gemeinsamen Hausaufgabenmachen mit Freunden

»Veranstaltet ihr heute ein kollektives Gehirnzellenspenden, oder was wird das? Ja, Thorben, bringt bei dir nichts. Da ist nichts mehr abzuholen.«

Motivation, Ordnung zu halten

»Alter, ich krieg die Motten. Mach mal das Fenster in deinem Zimmer auf. Hier stinkt es ja wie in einem Pumakäfig.«

»Hier sieht's ja aus wie bei Hempels unterm Sofa.«

»Wie sieht's denn hier aus? Die einzige Möglichkeit, in deinem Zimmer noch mal Ordnung zu schaffen, ist, Benzin über alles zu kippen und alles abzufackeln.«

Motivation für die Berufswahl

»Von nix kommt nix, mein Junge. Wenn du so weitermachst, gehst du mit der Schippe hinterm Deich.«

»Pilot willst du werden? Thorben, pass mal auf. Als Pilot musst du intelligent sein. Aber das einzig Intelligente an dir sind deine Weisheitszähne. Und die sind schon draußen.«

»Wer es nicht im Kopf hat, hat es in den Beinen, weißte?«

»Du kannst doch nicht mal weiß von schwarz unterscheiden.«

Alles, was Väter über DAS Gespräch mit ihrem Sohn oder ihrer Tochter wissen müssen

Ob du es glaubst oder nicht. Auch dein Kind wird eines Tages einen anderen Menschen magisch anziehen. So sehr, dass die beiden Körperlichkeiten miteinander austauschen wollen. Ich meine, wenn selbst einer wie Thorben, der normalerweise Pech im Spiel und Pech in der Liebe hat, eine abgekriegt hat, dann schafft das wirklich jeder. Es ist deine Aufgabe, dein Kind auf den Tag der Tage vorzubereiten, damit es beim ersten Date punktet und ...

... den Fisch nicht mehr von der Leine lässt.

... das Boot in den Hafen steuert.

... das Feuer zum Lodern bringt.

... die Ernte einfährt.

... den Vogel abschießt.

... den Kuchen anschneidet.

... die Kerzen auf der Torte auspustet.

... den Schlüssel ins Schloss steckt.

... den Berggipfel erklimmt.

... den Pfeil ins Ziel schießt.

... die Glühbirne zum Leuchten bringt.

... von der Praline nascht.

... die Orgel spielt.

... ein Rohr verlegt.

... einen Stich macht.

... die Schuppen vom Fisch schuppt.

... die Suppe auslöffelt.

... die Banane schält.

... die Titanic den Eisberg rammt.

... den Tiger aus dem Gehege lässt.

... den Jürgen würgt.

... das Kaninchen aus dem Hut zaubert.

... die Teewurst aufs Brot schmiert.

Dating-Weisheiten
»Küssen beim ersten Date? Geht auch mehr!«

»Wenn sie über deine Witze lacht, ist es Liebe.«

»Verhütung musst du dran denken. Obwohl ich mit Jürgen immer gewettet habe, dass dein Gesicht eigentlich reicht.«

»Mit dem Sex ist das wie mit den Reifen an deinem Motorrad. Du musst dem Gummi vertrauen, wenn du dich in die Kurve legst.«

»Zwischendurch auch mal was essen und trinken. Du solltest immer genug Benzin für eine zweite Runde im Tank haben.«

»Der erste Liebeskummer ist immer der schlimmste.«

Vaddas beste Anmachsprüche

»Ich hoffe, du kannst lesen. In meiner Hose steht nämlich was.«

»Ich habe meine Telefonnummer verloren. Kannst du mir deine leihen?«

»Du hast da was am Auge. Oh, es war nur ein Funkeln.«

»Mann,, bist du heiß. Kein Wunder, dass die Gletscher schmelzen.«

»Entweder habe ich Zucker in den Augen, oder du bist wirklich so süß.«

»Hey, du, wie fühlt man sich, wenn man vom attraktivsten Mann im Raum angesprochen wird?«

»Ich bin vom ADAC. Du wolltest abgeschleppt werden?«

»Glaubst du an die Liebe auf den ersten Blick, oder muss ich noch mal reinkommen?«

»All diese Kurven. Und ich habe keine Bremsen.«

»Die Farbe deiner Augen würde erstaunlich gut mit meiner Bettwäsche harmonieren.«

»Ich bin gut drauf. Bist du gut drunter?«

»Was reimt sich auf Stricken?«

Väter und Sport
Artikel 17: »Flach spielen, hoch gewinnen.«

Qualität kommt von Qual. Das spürt ein Vater vor allem in den Jahren, in denen der Sommer sechs Kilo zu früh kommt. Aber zum Glück muss man Sport ja nicht immer gleich selbst machen. Als Vater ist es dein gutes Recht, Bier trinkend auf dem Sofa zu sitzen und Hochleistungssportlern, die im TV gerade Bestzeiten und Pokalen nachjagen, zu erklären, wie es richtig geht. Weiß ja sonst keiner außer dir, dass man am besten links antäuscht und rechts vorbeigeht. Müssen Väter doch einmal selbst Sport machen, lautet ihre oberste Maxime: »Körner sparen.« Väter machen sich vor Beginn einer sportlichen Aktivität daher grundsätzlich nicht warm. Maximal tippeln sie ein wenig auf der Stelle und drehen den Rumpf einmal nach links und einmal nach rechts. Die Kraft, die Väter durch das Auslassen eines Aufwärmprogramms einsparen, reicht, um nachher im Spiel noch einen Sprint mehr anzuziehen. Solltest du als Vater dennoch an deine körperlichen Grenzen kommen, ist vollkommen in Ordnung, die sportliche Betätigung einzustellen. Gründe dafür gibt es schließlich genug ...

Die wichtigsten Gründe, warum Väter leider nicht mehr weitersporteln können oder generell keinen Sport machen können

»Der Oberschenkel hat zugemacht.«

»Die Wade hat zugemacht. Ist bestimmt eine Zerrung.«

»Ich hab 'nen Pferdekuss abgekriegt. Da geht heute leider nichts mehr.«

»Ich glaube, ich habe eine Ruptur am Sprunggelenk. Das muss sich erst mal ein Experte ansehen.«

»Das Knie macht nicht mehr mit. Seit mich Jürgen vor zwei Wochen so unfair von den Beinen geholt hat, ist da was nicht Ordnung.«

»Die Leiste zwickt.«

»Der Meniskus hat sich gemeldet.«

»Der Rücken hat sich gemeldet.«

»Meine Frau hat sich gemeldet. Die Schwiegereltern sind unterwegs. Ich muss in einer halben Stunde zu Hause sein.«

»Die Adduktoren. Da hab ich schon seit einer Weile Probleme. Ich trainier die zwar gerade auf, aber das will einfach nicht weggehen.«

»Ich glaub, ich hab mir das Innenband überdehnt.«

»Seit meinem Bandscheibenvorfall muss ich ein bisschen aufpassen, hat der Arzt gesagt.«

»Ich hab noch vom Turnier letzte Woche einen Tennisarm.«

»Joggen? Ich würde ja so gern mal wieder die zehn Kilometer machen. Aber ich hab 'nen Knorpelschaden im linken Knie. Ich hab den Arzt angebettelt, ob ich nicht doch wieder laufen darf. Aber er hat zu mir gesagt: Entweder Sie gehen joggen, oder Sie nehmen einen Hammer und zertrümmern damit Ihre Kniescheibe. Kommt auf dasselbe raus.«

Sportarten. Welche gut, welche nicht so gut sind und was sie wirklich bringen.

Fußball: Das Hochamt des Sports. So bedeutend, dass diese Sportart sogar einen eigenen Eintrag im Dad-Code hat (siehe Seite 137). Fußball spielen kommt auf dasselbe raus wie wenn du Lego-Türmchen mit Ofenhandschuhen baust. Warum genau der Ball ausgerechnet nur mit dem Teil des Körpers berührt werden darf, in dem so viel Koordinationsvermögen und Elastizität wie in einer Straßenlaterne steckt, bleibt ein Geheimnis. Das Beste am Fußball ist, sich mit einem Bier neben das Spielfeld zu stellen oder vor den Fernseher zu setzen und den 23 Herren auf dem Rasen zu erklären, was sie falsch machen. Zählt man die Linien- und Videoschiedsrichter und Trainer mit, gibt es sogar noch mehr Menschen, über die man sich aufregen kann.

Tennis: Tennis ist die einfachste Sportart der Welt. Egal ob du nun ein Serve-and-Volley-Rasenexperte, ein Sandplatzwühler oder ein dynamischer Hartplatz-Spezialist bist, der spätestens in einem Jahr feststellen wird, dass seine Knorpel im Knie der Hartplatz-Belastung leider nicht gewachsen waren.

Das Erfolgsgeheimnis beim Tennis ist so simpel wie effektiv. Spiele einen Crossball, wenn dein Gegner einen Ball entlang der Linie erwartet. Erwartet er dagegen einen Crossball, schlag den Ball einfach longline. Funktioniert immer. Todsicherer Punktgewinn. Ich weiß, wovon ich spreche, schließlich habe ich schon oft auf dem Platz gestanden und meine Spiele aus genau diesem Grund verloren. Spielst du mit einem Partner oder einer Partnerin ein Doppel, ist es wichtig, vorn am Netz die Ruhe zu bewahren. Der Mann oder die Frau hinten hat doppelt so lange Zeit, auf den Ball zu reagieren. Greife wirklich nur dann in das Spiel ein, wenn der Ball dich sonst treffen würde. Es ist absolut okay, sich dabei hinter dem Netz wegzuducken und in Sicherheit zu bringen.

Joggen: Machen wir uns nichts vor. Wer nicht als federgewichtiger Laufspargel auf die Welt gekommen ist, sollte nicht joggen gehen. Wie sieht das denn aus, wenn man nach 100 Metern bereits vollkommen fertig ist und nur noch vorwärtskommt, weil man seine Brust nach vorn wirft und sich in seinen Schritt fallen lässt. Experten raten, dass Joggen immer dann richtig gesund ist, wenn man sich dabei noch ohne Probleme unterhalten kann. Also im Grunde genommen sitzend auf einer Parkbank.

Handball: Oder wie der Kenner sehnsuchtsvoll seufzt: Ringen mit Ball. Für mich ist das ein Wunder, dass die Spiele sieben gegen sieben ausgehen und nicht aus jeder Mannschaft mindestens vier Spieler vom Feld fliegen. Da wird gekniffen. In den Wurfarm gegriffen. Und die Jungs packen fester an der

Hüfte zu als Jürgen bei der Sabine am Samstagmorgen ... Würden Fußballer einmal kurz mit den Handballern tauschen, könntest du 14 Männern dabei zugucken, wie sie sich zwei Stunden lang auf dem Hallenboden wälzen. Es tut ihnen ja so weh. Und die Handballer? Schütteln sich nach einem Foul kurz. Und hauen sich eine Minute später wieder rein.

Volleyball: Ein Sport für Weicheier, für Leute, die Angst vorm Gegnerkontakt haben. Du darfst nichts berühren und den Ball nur einmal. Stell dir mal vor, du müsstest so Sex haben, wie man Volleyball spielt ...

Synchronschwimmen: Ist kein Sport. Aber nett anzuschauen.

Yoga: Ich hab mir mal von so einem Yogalehrer erklären lassen, was der Hokuspokus mit dem nach unten schauenden Hund und der Kindeshaltung eigentlich soll. Da hat er gesagt, das würde ihm helfen, seine Chakren zu reinigen! Junge, wenn du was sauber machen willst, komm vorbei und putz meine Küche!

Leichtathletik: Finde ich klasse. Da ist für jeden was dabei. Die Dicken können Kugelstoßen oder Hammerwerfen. Die Laufspargel rennen um die Wette. Die mit der Figur eines Lauches springen weit oder hoch. Und die, die gar nix richtig gut können, machen Zehnkampf. So muss das sein.

Väter und Fußball
Artikel 18: »Das Runde muss in das Eckige.«

Ich hab da so eine Theorie, warum Männer gern mit Bällen spielen ... Die Theorie hat unter anderem damit zu tun, wie Frauenkörper geformt sind. Anders kann ich es mir nicht erklären, dass ausgerechnet Fußball die populärste Sportart der Welt geworden ist. Was Fußball so großartig macht, ist diese perfekte Mischung aus Action und Langeweile. Es gibt Spiele, da passiert einfach 90 Minuten lang nichts. Und sie enden null zu null. Das ist genauso, als würde bei einem 100-Meter-Lauf keiner ins Ziel kommen. Wie erholsam ist das denn bitte? Du kannst während eines Fußballspiels – egal ob im Stadion oder zu Hause – in Ruhe dein Bier trinken. Die Spieler und den Schiedsrichter beschimpfen, wenn dir danach ist. Einschlafen. Und sollte während des Spiels zufällig doch noch etwas passieren, wirst du garantiert von der aufgeregten Stimme des Reporters oder der Fans um dich herum geweckt. Wenn es den Fußball nicht schon längst geben würde, hätte ich ihn erfunden.

Sprüche, mit denen Väter am Spielfeldrand ihren Fußball-Sachverstand unter Beweis stellen

»Den muss er querlegen.«

»Den muss er selber machen.«

»Nicht immer Hacke, Spitze, eins, zwei, drei ... Da muss es mal richtig krachen.«

»Von wegen hinten ruhig den Ball rausspielen. Den muss er auf die Tribüne kloppen, und dann passiert da auch nix!«

»Wenn es nicht blutet, war's auch kein Foul.«

»Die sind nicht hungrig genug.«

»Würd ich meinen Job so erledigen, wie die Jungs Fußball spielen, wär ich schon längst arbeitslos.«

»Was ist denn das für ein Betonfuß? Der trifft den Ball doch nicht einmal, wenn er ihm von der Post als Geschenk an die Haustür geliefert wird.«

»Kann mal bitte einer den Stehgeiger im Mittelfeld auswechseln. Fußball ist ein Laufsport. Gott verdammt noch mal.«

»Hey, Thorben, was hat Papa vor dem Spiel gesagt? Du hörst erst auf zu rennen, bis wir wieder im Auto sitzen.«

»Mit zwei linken Holzfüßen wird das nix.«

»Bester Mann beim Gegner ist mal wieder der Schiedsrichter ...«

»Mit der Truppe gewinnste nix. Nicht mal an Erfahrung.«

»Der spielt mal höherklassig ... das seh ich sofort.«

Der perfekte Fußballabend in 10 Schritten

Schritt 1: Das Gemüse aus dem Gemüsefach des Kühlschranks entfernen, um ausreichend Platz für Bier zu schaffen.

Schritt 2: Jürgen, der einen Monatsvorrat Kartoffelchips mitbringt, an der Tür empfangen.

Schritt 3: Mit Jürgen um einen Kasten Bier wetten, wie das Spiel ausgeht.

Schritt 4: Die Vorberichte von der ersten bis zur letzten Minute verfolgen. Dabei hin und wieder wissend nicken. Und hin und wieder den Kopf schütteln, weil die Experten im Fernsehen leider überhaupt keine Ahnung haben.

Schritt 5: Jürgen erklären, warum die Aufstellung vollkommener Blödsinn ist und Serge Gnabry als falsche Neun total verschwendet ist.

Schritt 6: Bei jeder vergebenen Chance von Gnabry anmerken: »Den muss er machen. Den MUSS er machen.«

Schritt 7: Den Schiedsrichter als ... beschimpfen.

Schritt 8: Gnabrys Siegtreffer bejubeln (»Das ist ein Guter. Ich hab immer an ihn geglaubt.«) und dabei ein halbes Bier verschütten.

Schritt 9: In den letzten drei Minuten sämtliche Nägel von der Fingerspitze knabbern und alle zehn Sekunden »Pfeif ab, du Pfeife!« Richtung Fernseher rufen.

Schritt 10: Mit dem Wissen, dass sich der Kater morgen früh gelohnt hat, und einem Siegerlächeln einschlafen.

Fußballspieler, die Väter bewundern

Pelé – Was der für einen Zauberfuß hatte.

Maradona – Was für ein Schlitzohr.

Franz Beckenbauer – Ein König auf dem Platz.

Messi – La Pulga, der Floh. Der beißt den Ball ins Tor wie kein Zweiter.

Gerd Müller – Der einzige Mensch, der all seine Tore auch mit verbundenen Augen geschossen hätte. Der wusste einfach genau, wo das Tor steht, und hat ihn einfach reingemüllert.

Thomas Müller – Ist der lebende Beweis, dass der Vadda mit seiner Technik am Ball durchaus auch Profifußballer hätte werden können.

Mario Basler – Vor dem Spiel eine Kippe. In der Halbzeit eine Kippe. Nach dem Spiel eine Schachtel. Wer kann, der kann. Wie der Vadda halt.

Rudi Völler – Es gibt nur einen Rudi Völler. So wie es nur einen Vadda gibt.

Bastian Schweinsteiger – Erst mit der »Cousine« im Entmüdungsbecken baden und dann Jahre später Weltmeister werden. So hätte es der Vadda auch gemacht.

Per Mertesacker – Wer es in England, dem Mutterland der Elfmeterfehlschützen, zum Spitznamen »The Big Fucking German« bringt, hat einen Platz in Vaddas Herz sicher.

Zlatan Ibrahimovic – Der einzige Fußballer, dessen Selbstbewusstsein es mit dem Selbstbewusstsein vom Vadda aufnehmen kann.

Fußballspieler, die Väter auf die Ersatzbank setzen

Ronaldo – Wie kann der mit drei Kilo Pomade im Haar überhaupt geradeaus laufen?

Neymar – Wer von 90 Minuten 80 den Rasen walzt, statt zu kicken, hat auf einem Fußballfeld nichts zu suchen.

Xavi – Was heißt hier Meisterstratege? Der Vadda mag, wenn's kracht und nicht, wenn der Ball hundertmal in der Abwehr hin und her geschoben wird.

Zinedine Zidane – Zugegeben, der Mann spielte mit Köpfchen. Aber wer andere verhaut, nur weil sie statt des Trikots lieber ein Date mit der Schwester wollen ... Würde ich jedes Mal einen Kopfstoß bekommen, wenn ich Thorben nach der Telefonnummer einer seiner Lehrerinnen gefragt habe, wären meine Rippen permanent gebrochen.

Johan Cruyff – Der Erfinder des tootal voetbal – des totalen Fußballs. Was soll das sein, totaler Fußball? Gewinnen ist noch immer die beste Taktik.

Ruud Gullit – Wer Rudi Völler anspuckt, hat auf dem grünen Rasen nichts verloren.

Jeden Spieler aus England – Stell dir vor, es gibt ein Elfmeterschießen und du hast nur Engländer auf dem Platz.

Loris Karius – Der Fliegenfänger sitzt auf der Ersatzbank direkt neben Bernhard Baktus.

Timo Werner – Hier eine Vadda-Botschaft an die Trainer und Fußballmanager der Welt: Ich treffe das Tor für die Hälfte des Geldes, das Timo Werner verdient, auch nicht. Deal?

Die besten Väter-Sprüche und -Witze
Artikel 19: »Attacke Bonanza!«

Väter sind geborene Entertainer, die immer locker durch die Hose atmen und in jeder Lebenslage einen flotten Spruch oder Witz auf den Lippen haben. Wenn Thorben mal wieder über dem Deutschaufsatz schwitzt, tröstet ihn der Vadda: »Kann nicht jeder ein Goethe sein, Thorben. Niveau ist bekanntlich keine Hautcreme.« Und wenn das Bier mal wieder nicht schnell genug am Grill ist, obwohl der Vadda Thorben schon vor zehn Minuten Bescheid gesagt hat, dass sein »Noice« gleich alle ist, setzt es ein: »Tempo ist kein Taschentuch, Thorben. Und jetzt das Ganze ZZ. Ziemlich zügig, mein Freundchen.« Manchmal glaube ich, dem Kind haben sie oben den Strom komplett abgeklemmt.

Dad-Jokes, mit denen Väter ihre Familie zur Verzweiflung bringen

»Der Thorben, der frisst mir die Haare vom Kopf. Noch habe ich welche drauf.«

»Habt ihr Hunger mitgebracht? Schade, weil satt werden tut ihr hier nicht.«

»Thorben hat heute gekocht. Wollt ihr probieren, oder soll ich gleich Pizza bestellen?«

»Mannomann, der Rasen ist ja schon wieder so trocken wie Sabine nach dem Vorspiel.«

»30 Zentimeter? Die kann ich dir immer ausmessen. Die hab ich immer am Mann.«

»Hey, Jürgen, noch ein Bier? Du hast mittlerweile aber auch einen Verbrauch wie ein Tesla, wa?«

»Und? Wer hat Lust auf eine Runde Taschenbillard?«

»Schaut mal, ein Ferrari. Da kann der Jürgen die Sabine reinsetzen, und die hat nach zehn Minuten keine Falte mehr.«

»Du hast dir ein Elektroauto gekauft, Jürgen? Also, ich will ja keinen Staubsauger fahren.«

»Du willst wissen, wo Japan liegt, Thorben? Keine Ahnung. Frag deine Mutter, die räumt hier immer auf.«

An Silvester: »Guten Rutsch ... Aber nicht zu weit.«

»Wenn dir kalt ist, geh in die Ecke. Die hat 90 Grad.«

»Warum wollen Veganer nicht bevorzugt werden? Weil sie keine Extrawurst wollen.«

»Ein Land mit K? Kaufland!«

»Die Jugend denkt immer nur von zwölf bis mittags.«

»Brot kann schimmeln, was kannst du?«

»Was liegt am Strand und spricht undeutlich? Die Nuschel.«

»Steht ein Baum allein im Wald ...« (Der braucht bei Thorben immer eine Weile.)

»Wer mit dem U-Boot unterwegs ist, sollte keinen Tag der offenen Tür veranstalten.«

Väter und Schwiegereltern
Artikel 20: »Die Haare auf den Zehen, die hatt se von dir, was!«

Familie kann man sich bekanntlich nicht aussuchen. Und seine Schwiegereltern schon zweimal nicht. Doch als geborene Diplomaten gewinnen Väter über kurz oder lang nach dem Herz der Tochter auch das ihrer Eltern. Ein Vater weiß, welche Komplimente man macht, um einen guten Eindruck zu erwecken. Er weiß, welche Themen man beim Essen anspricht und welche besser nicht. Und er kennt die besten Ausreden, mit denen er sich garantiert vor dem Besuch bei den Schwiegereltern drücken kann.

Komplimente, die ein Vadda dem Schwiegervadda macht

»Die Haare auf den Zehen, die hatt se von dir, was!«

»Helmut, Alter, na? Bist aber ganz schön grau geworden. Oder wie man auf dem Balkan sagt: Der Helmut, jetzt auch mit Chromlegierung ... Was soll's, Hauptsache von den Frauen geliebt und von den Männern geachtet, ne?«

»Ein Verdauungsschnaps wäre jetzt nett. Was hast du denn da? ... Einen Cognac XO? Was ist das denn? ... Ahhh, extra old. Genau wie du!«

Komplimente, die Vadda der Schwiegermutter macht

»Wenn man nichts Festes sucht, ist dein Hintern genau das Richtige, was?«

»Dein Look heute erinnert mich an etwas? ... Stimmt, so ein bisschen an Sabine nach dem Aufstehen.«

»Ah, ein neuer Kurzhaarschnitt. Sieht aus, als hätte Thorbens Hamster die Haare abgenagt.«

Themen, über die sich Vadda besonders gern mit seinen Schwiegereltern unterhält

Über den Nahostkonflikt. (Damit sind die neuen Nachbarn gemeint, die ins Haus nebenan – östliche Himmelsrichtung – eingezogen sind.)

Über Thorbens erste Trotzphase im Alter von drei Jahren.

Über Autos.

Über Thorbens zweite Trotzphase im Alter von fünf Jahren.

Über Bier.

Über Thorbens dritte Trotzphase im Alter zwischen sieben und neun Jahren.

Über Rasen.

Über Thorbens vierte Trotzphase, die mit 12 Jahren einsetzte und noch immer andauert.

Über Holz.

Über Thorbens Liebhaberqualitäten bei seinen Dates. »Fünf Minuten, dann ist der Junge am Ziel.«

Übers Grillen.

Ausreden, die ein Vater hat, um sich vor dem Wochenendbesuch bei den Schwiegereltern zu drücken

Sein Horoskop.

Thorben beim Deutsch-Referat helfen, das er am Montag halten muss.

Die Grillwürstchen sind für 1,99 Euro nur am Samstag im Angebot.

Der Rasen muss gemacht werden.

Der Dachstuhl muss repariert werden. »Sonst regnet uns das im Winter rein.«

Der Kühlschrank muss abgetaut werden.

Das Auto muss in die Inspektion.

Noch betrunken von gestern. »Es war Jürgens Schuld.«

Väter und Nachbarn
Artikel 21: »Der liebe Gott weiß alles. Die Nachbarschaft noch mehr.«

Väter verstehen sich grundsätzlich hervorragend mit ihren Nachbarn – solange diese sich an die Regeln halten. An Vaddas Regeln. Überhaupt sollten die Nachbarn glücklich sein, einen Vadda an ihrer Seite zu haben, der ihnen erklären kann, wie sie ihren Rasen richtig vom Unkraut befreien, was sie beim Grillen alles falsch machen, dass sie neulich beim Autoputzen den Unterboden vergessen haben und dass es mal wieder an der Zeit wäre, die ausgebleichten Gartenmöbel abzuschleifen und einzuölen. Seine hohe Wertschätzung gegenüber seinen Nachbarn drückt ein Vadda unter anderem über seine Fußmatte aus, auf der steht: »Liebe Einbrecher, bei den Nachbarn ist mehr zu holen.« Gute Nachbarn erkennst du daran, dass du dringend einen Winkelschleifer brauchst, ihn dir nebenan borgen willst und sechs Stunden später vollkommen betrunken heimkommst – ohne Winkelschleifer.

Vaddas Konversationslexikon für Nachbarn und Freunde

Die Nachbarn draußen treffen

Treffen Väter unverhofft auf Nachbarn, Bekannte oder Freunde und lässt sich ein Gespräch nicht durch ein kurzes Kopfnicken im Vorbeigehen vermeiden, gilt nachfolgende Konversation als das maximal zulässige Maß an sozialer Interaktion:

Vadda: »Mensch, Jürgen, altes Haus, lang nicht mehr gesehen. Und? Wie isses?«
Jürgen: »Muss ja.«
Vadda: »Jaja, es muss.«
Jürgen: »Und selber?«
Vadda: »Ja, auch.«
Jürgen: »Is klar, freut mich für dich.«
Vadda: »Und sonst so?«
Jürgen: »Es läuft, es läuft.«
Vadda: »Ja, kenn ich, kenn ich, kenn ich.«
(Peinliches Schweigen. Für ca. zehn Sekunden.)
Vadda: »War schön, dass wir mal wieder gesprochen haben.«
Jürgen: »Ja, war schön.«
Vadda: »Dann mach's mal gut.«
Jürgen: »Ja, selber auch.«

Treffen Väter unverhofft auf Nachbarn, Bekannte oder Freunde und lässt sich ein Gespräch nicht durch ein kurzes Kopfnicken im Vorbeigehen vermeiden und haben sie sich bereits erst vor zwei Tagen getroffen, sich also intensiv über ihren aktuellen Gesundheitszustand und die allgemeine Lage ausgetauscht, beginnen Väter ein Gespräch über Baustellen:

Vadda: »Mensch, Jürgen, sag mal, ist die Baustelle an der A37 eigentlich noch da? Oder kann man da wieder fahren?«

Jürgen: »Die ist schon längst weg, dafür bauen sie jetzt an der B12.«

Vadda: »Was die aber auch immer bauen müssen. Ich sage ja immer, es gibt mehr Baustellen in Deutschland wie Kartoffeln, ne. Wenigstens kann ich die B12 über den Waldweg bei Wolfgang umfahren. Solltest du auch machen. Ist ein Geheimtipp. Spart dir mindestens eine Viertelstunde.«

Väter zu Besuch

Sind Väter bei Nachbarn oder Freunden zu Besuch, sind folgende Eisbrecher angebracht, um die Stimmung kommunikativ aufzulockern:

Beim Betreten der ihnen fremden Wohnung stellen sich Väter zunächst breitbeinig auf, stemmen beide Hände in die Hüften, lassen den Blick anerkennend wandern und sagen: »Hübsch habt ihr's hier ... Schön, schön, schön ... Fast so schön wie bei uns.«

Finden sich unter den Einrichtungsgegenständen in der Wohnung des Nachbarn Möbel aus Echtholz, wie zum Beispiel Esstische, Regale oder Küchenarbeitsplatten, sind Väter verpflichtet, mit der Hand über das Holz zu streichen und einen der folgenden Sätze zu sprechen:

»Eiche, oder?«

»Akazie ... Seh ich sofort. Ich kenn mich aus.«

»Nussbaum, nicht schlecht ... Ihr gönnt euch, was?«

»Schönes Holz, Buche ist klasse ... Das ist schon was anderes als die zusammengeklebten MDF-Spanplatten.«

Anschließend gilt es, über den Zustand des Holzes eine der folgenden Aussagen zu treffen:

»Das Holz hat ja mehr Borsten als ein Wildschwein im Frühjahr. Wann habt ihr die Platte denn das letzte Mal abgeschliffen?«

»Ich glaub, da müsste man mal wieder mit einer 240er-Körnung drübergehen.«

»Nehmt ihr Wachs oder Öl fürs Finish?«

Sind Holzart und Holzzustand abgehandelt, hat eine Aussage über die Maße des Möbels hinsichtlich Länge, Breite, Höhe oder Dicke zu folgen. Diese Aussage ist durch Nachmessen mit einem Zollstock zu überprüfen. Hat ein Vater keinen eigenen Zollstock dabei, wird der besuchte Nachbar oder Freund aufgefordert, unverzüglich einen Zollstock herbeizuschaffen. Sind Nachbar oder Freund dazu nicht in der Lage, war es vermutlich der letzte Besuch, denn Menschen ohne Zollstock im Haus ist nicht zu trauen. Auf die Holzprobe folgt stets die Festigkeitsprobe. Dafür werden vom Vadda sämtliche Einrichtungsgegenstände – Tische, Stühle, Schrankwand, Sideboard oder Bücherregal – angefasst und kurz gerüttelt, um festzustellen: »Oh, hier müssen mal wieder die Schrauben nachgezogen werden. Habt ihr mal einen Schraubendreher da? Dann mach ich euch das schnell.«

Um die Bewertung der Einrichtung abzuschließen, sind die Deko-Bemühungen zu würdigen: »Mensch, bei euch sieht's ja aus wie bei Depot. Da steht ja ein Staubfänger neben dem anderen.«

Komplimente an die Partnerin

Besuchen Väter Nachbarn oder Freunde, sollte sich ihre Aufmerksamkeit eher früher als später der Frau des Hauses zuwenden. Da Frauen großen Wert auf ein Feedback über ihr Äußeres legen, empfiehlt es sich, eines dieser zwanglosen Komplimente in die Konversation einzustreuen:

»Mensch, Sabine, schönes Kleid ... Gab es das nicht in deiner Größe?«

»Warst du beim Friseur? ... Nicht? ... Sieht man, wird wieder mal Zeit.«

»Neue Frisur, Sabine, oder? ... Da an den Seiten hat er aber nicht sauber gearbeitet. Das krieg ich ja besser mit meinem Rasenmäher hin.«

»Sag mal, hast du was machen lassen? Letztes Mal hab ich unter den Augen noch drei Fältchen mehr gezählt.«

»Hätte ich so viele Krähenfüße an den Augen, bräuchte ich erst mal sechs Monate Ferien. Und das am besten zweimal im Jahr.«

»Schöne Sandalen, Sabine … Und wie die die Fehlstellung deiner großen Zehe verstecken. Top!«

Essen bei den Nachbarn

Findet im Laufe des Besuchs bei den Nachbarn oder bei den Freunden eine Verköstigung der Gäste statt, sollten Väter die damit verbundenen Anstrengungen respektvoll würdigen:

»Heute wird gegrillt? Wo hast du denn das Fleisch gekauft? … Bio-Metzgerei Putenbauer, aha! … Also ich geh ja immer zum Metzger Willy. Der hat das beste Fleisch. Der schlachtet noch selbst. Der weiß haargenau, welches Tier in welcher Wurst steckt. Der ist da ganz penibel.«

»Ah, Nudelsalat … Ich schick euch mal mein Rezept. Ihr werdet nie wieder was anderes essen wollen.«

»Ein toller Braten, Sabine, ich hätt ihn vielleicht zehn Minuten eher aus dem Ofen genommen … Aber sonst wirklich ganz, ganz toll.«

»Noch mehr Salat? Nein danke. Ich bin ja kein Hase.«

»Ob ich Wein will? Klar will ich gleich weinen, wenn du mir jetzt sagst, dass ihr kein Bier im Haus habt.«

»Wasser? Nein danke, ich habe heute schon geduscht.«

»Wasser? Nur wenn es vorher durch eine Brauerei gelaufen ist!«

Väter und Geld
Artikel 22: »Nur Bares ist Wahres.«

Wer den Pfennig nicht ehrt, ist des Talers nicht wert. Niemand weiß das besser als ein Vater. Er hat seine Finanzen immer im Blick und ist ein Pfennigfuchser, stets auf der Suche nach dem nächsten Schnapper. Mit der Leidenschaft eines Flamencotänzers und der Ausdauer eines afrikanischen Wildhundes durchforstet er Kataloge und Gutscheinangebote, um den nächsten Superrabatt an Land zu ziehen. Dabei ist der Vater nicht geizig. Getreu dem Motto »Erst die Arbeit, dann das Vergnügen« gönnt sich der Vadda von seinem schwer verdienten Geld auch mal was. Das hat er sich verdient. Einmal im Jahr macht der Vater einen Termin bei seinem Finanzberater in der Sparkasse. Den kennt er seit Jahren. In der Jugend haben die beiden noch zusammen Fußball gespielt. Hat der Vater nach dem Rechten gesehen und sich davon überzeugt, dass es seinem Geld gut geht, kann er wieder ruhig schlafen.

Finanztipps für Dummies[6]

Taschengeld? Gib nicht alles auf einmal aus.

Börse? Ist wie ein Glücksspiel. Kannste nur verlieren!

Schulden? Entweder ganz oder gar nicht. Nur Bares ist Wahres.

---

[6] Also Leute wie Thorben.

Kredite? Niemals bei der Bank, höchstens bei Opa Günter. Und wenn du Glück hast ...

Investitionen? Am besten in Betongold.

Zinsen? Bringen nichts. Die decken nicht mal die Inflation.

Kryptowährungen? Hättest du vor zehn Jahren 100 Euro in Bitcoins investiert, hättest du heute noch immer keine Ahnung, wie das Ganze funktioniert. Also, Finger weg.

Onlinebanking? Warum soll ich die Arbeit von den Leuten am Schalter erledigen?

Anlageberater? Sind nur zu feige, ihr eigenes Geld an der Börse zu verzocken.

Devisen? Meine Devise lautet: Lieber Arm ab als arm dran.

Steuern? In die kannst du dein Geld bedenkenlos anlegen. Die steigen immer.

Finanzamt? Und jedes Jahr nach der Steuererklärung dieser befriedigende Gedanke: »Denen habe ich's aber gegeben.« Und der unbefriedigende Gedanke: »Wäre ich ein Hund, müsste jemand Steuern für MICH bezahlen.«

Was hast du gezahlt?

Hat ein Freund eine größere Anschaffung getätigt wie zum Beispiel ein Auto, ein Motorrad oder einen neuen Aufsitzrasenmäher, ist der Vater verpflichtet, seinen Freund nach dem Preis zu fragen. Selbst wenn der Freund den Schnapper des Jahrhunderts gemacht hat, ist ein Vater verpflichtet, seine Skepsis über die Höhe des gezahlten Preises mit den folgenden Worten kundzutun:»Wenn du dich da mal nicht verrannt hast ... Ich weiß ja nicht. Ich weiß ja nicht.« Hätte der besagte Freund den Vater zum Kauf mitgenommen, wäre der Preis sicher niedriger ausgefallen. Ein Vater kennt den Wert von Dingen und lässt sich von einer Sitzheizung im Auto nicht blenden, auch wenn er einen warmen Po im Winter sehr zu schätzen weiß. »Da bin ich gleich auf Betriebstemperatur, wenn ich im Büro ankomme und im Sekretariat ›Hallo‹ sage.« Der Vater feilscht um jeden Cent.

Wer billig kauft, kauft zweimal

Was eine Hose maximal kosten darf:	50 Euro
Was eine Hose für Thorben maximal kosten darf:	30 Euro
Was ein Fernseher maximal kosten darf: (Vadda versteht die Frage nicht.)	Ja?

Väter und Geschenke

Geschenke, mit denen man Vätern immer eine Freude machen kann

Gutschein für eine Brauereibesichtigung.

Ein Sixpack »Noice«

Einen Kasten Bier

Ein Fass Bier

Ein Heimbrauset

Geschenke, die Väter ihren Kindern machen

Irgendwas von der Tanke, weil Vadda den Geburtstag zufällig vergessen hat.

Geschenke, die Väter ihren Frauen machen

»Wie, du freust dich nicht über die neue Grillzange? Wir haben doch so dringend eine gebraucht.«

»Weißt du eigentlich, wie schwer es ist, einen Tisch für das Oktoberfest in München zu bekommen?«

»Also, wenn du nicht mitwillst, frag ich Jürgen, ob er mit mir zum Champions-League-Finale fliegt.«

Geschenke, die Väter ihren Freunden machen

Gutschein für eine Brauereibesichtigung

Ein Sixpack »Noice«

Einen Kasten Bier

Ein Fass Bier

Ein Heimbrau-Set

Irgendwas von der Tanke, weil Vadda den Geburtstag zufällig
vergessen hat

Väter beim Einkaufen

Wenn der Vadda beim Einkaufen im Supermarkt jedes Schnäppchen geschossen hat, schlendert er an die Kasse. Fragt dort die
Kassiererin nach Treuepunkten, lacht der Vadda nur: »Ob ich
Punkte bei der Treueaktion sammel? Nee, treu bin ich und
Punkte sammel ich nur in Flensburg.« Will der Kassierer wissen,
ob der Vadda bar oder mit Karte zahlt, antwortet er schelmisch:
»Am liebsten gar nicht!« So viel Spaß muss sein. Natürlich zahlt
der Vadda bar. Und hat es selbstverständlich passend. Nachdem
er eine halbe Stunde lang in seiner Geldbörse nach den noch
fehlenden 76 Cent gesucht hat – in der Zwischenzeit musste er
mehrere Angriffe mit Fackeln und Mistgabeln abwehren, den
Notarzt rufen, um kollabierende Senioren versorgen zu lassen,
und den Schichtwechsel an der Kasse durchstehen –, schleppt
der Vater endlich seine Beute nach Hause. Und genießt endlich
sein wohlverdientes Bier auf dem Sofa. Und wenn dann noch im
Fernsehen die Fußballnationalmannschaft läuft, die ausnahmsweise mal wieder die Vorrunde bei einem internationalen Turnier übersteht, Thorben in seinem Zimmer noch immer mit Lisa
zugange ist – Was das Mädchen bloß an der Gesichtsbratsche
findet? –, dann ist Vaddas Glück vollkommen, und er ist zufrieden mit sich und der Welt.

Dank

Ich bin so stolz mein erstes eigenes Buch zu haben! Die letzten Jahre waren extrem ereignisreich und für mich völlig verrückt! Ohne eure Unterstützung als Community würde das so nie funktionieren. Deswegen möchte ich Danke sagen! Danke für die bedingungslose Liebe, die ihr mir jeden Tag entgegenbringt. Danke für die tollen Inspirationen, die mich täglich erreichen. Und Danke nochmal für euren Support! Zudem möchte ich mich auch bei meiner Familie und meinen Freunden bedanken, die immer an mich geglaubt und mich supportet haben. Und an letzter Stelle meiner Frau, Nathalie, die mir in allen Phasen dieser Zeit zur Seite stand und mich gestärkt und gestützt hat, wo sie nur konnte. Mit meinem Sohn Liam bekommt dieses Buch noch mehr Charakter und ich freue mich auf alles, was wir noch gemeinsam auf die Beine stellen.